CLÍNICA COM CRIANÇAS
enlaces e desenlaces

CLÍNICA COM CRIANÇAS
enlaces e desenlaces

Carmen Livia Parise
Carmen Savorani Molloy
Daniela Teperman
Grace Lagnado
Julieta Jerusalinsky
Lia Fernandes
Marcia Ramos
Maria Carolina Accioly
Maria Cristina Oliveira
Marli Ciriaco Vianna
Mira Wajntal
Patricia Cardoso de Mello
Renata de Carvalho Duarte
Thais Christofe Garrafa
Tide Setubal S. Silva

Mira Wajntal (organizadora)

Casa do Psicólogo®

1ª edição
2008

1ª Reimpressão
2011

Editores
Ingo Bernd Güntert e Christiane Gradvohl Colas

Assistente Editorial
Aparecida Ferraz da Silva

Editoração Eletrônica
Sergio Gzeschnik

Produção gráfica e Capa
Ana Karina Rodrigues Caetano

Preparação de originais
Christiane Gradvohl Colas

Revisão
Geisa Mathias

Dados Internacionais de Catalogação na Publicação (CIP)
(Câmara Brasileira do Livro, SP, Brasil)

Clínica com crianças: enlaces e desenlaces/ Mira Wajntal (organizadora). -- São Paulo: Casa do Psicologo®, 2011.

1ª. reimpr. da 1. ed. de 2008.
Vários autores.
Bibliografia.
ISBN 978-85-7396-601-5

1. Psicanálise infantil - Estudo de casos 2. Psicoses em crianças I. Wajntal, Mira.

CDD-618.928982092
11-01023 NLM-WS 350

Índices para catálogo sistemático:

1. Psicanálise infantil: Estudo de casos: Medicina 618.928982092

Printed in Brazil

As opiniões expressas neste livro, bem como seu conteúdo, são de responsabilidade de seus autores, não necessariamente correspondendo ao ponto de vista da editora.

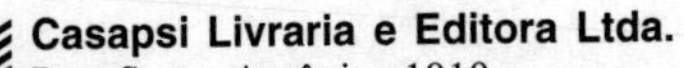

Casapsi Livraria e Editora Ltda.
Rua Santo Antônio, 1010
Jardim México • CEP 13253-400
Itatiba/SP - Brasil
Tel. Fax: (11) 4524-6997
www.casadopsicologo.com.br

Sumário

Introdução e Agradecimentos

Clínica com crianças: enlaces e desenlaces

É com muita satisfação que apresento *Enlaces e desenlaces na clínica com crianças*, pois ele ilustra, vivamente, que esta clínica comporta múltiplas faces. Lendo os textos deste livro, lembro-me daqueles exercícios literários, em que um grupo de escritores faz releituras de um mesmo conto ou fato, cada qual valorizando um aspecto ou enfoque central. Neste sentido, as diversas abordagens e leituras são variações deste tema tão complexo: a clínica com crianças. O atendimento aos bebês, a inveja, atendimentos familiares, final do tratamento, inclusão, acompanhamento terapêutico, trauma e dissociação são interfaces desta clínica.

Cada psicanalista narra, a seu estilo, modalidades de atendimentos que sempre contam com a aposta apaixonada de escutar uma criança, quer no *setting* de consultório, quer nas instituições, ou na rua. Em geral, são atendimentos que envolvem uma grande rede complexa com a finalidade de contornar o que, muitas vezes, em um primeiro instante pode parecer incontornável.

Outra face deste livro é, então, a história da construção da rede necessária para se sustentar a clínica infantil. Será justamente no encontro destes diversos profissionais envolvidos que podemos tecer algumas destas histórias. E, obviamente, este livro envolve as minhas redes de interlocução clínica, os meus alicerces profissionais e de todos os autores.

Desta forma, tomo a liberdade de narrar meus felizes encontros e gratidão a todos os participantes desta publicação. Em primeiro lugar, não posso deixar de falar de um dos principais palcos deste livro, o Hospital-Dia Infantil da Mooca, atual Centro de Atenção Psicossocial Infantil da Mooca (CAPSi – Mooca). Estando nele desde sua implantação, ao lado da Márcia Ramos, temos longas histórias a contar. Atualmente, Márcia é a coordenadora da unidade. Juntas, compartilhamos os melhores e os piores momentos de nossas histórias como analistas, acompanhando as conquistas e crescimentos mútuos.

E, neste caminho de buscas sobre as minhas questões, em um seminário clínico, conheci Carmem Savorani Molloy. Discutíamos sobre o atendimento de crianças, quando ela se aproximou de mim, tão doce e gentil, oferecendo uma bibliografia – genial, aliás –, sobre o que eu perguntava; passou a ser uma referência e porto para muitas dúvidas. Estes seminários, que se repetiam anualmente, criaram uma rede de discussões que culminaram na formação de um grupo de trabalho sobre as "primeiras marcas psíquicas", quando travei contato mais íntimo com Lia Fernandes, Marli Ciriaco Vianna e Maria Cristina Oliveira, todas muito empenhadas na pesquisa da clínica com crianças.

O estudo sobre as primeiras marcas do psiquismo frente ao autismo e às psicoses infantis abriu, a todos nós, a reflexão sobre o atendimento de bebês. Nesta ocasião, recém chegando da Bélgica, conheci a grande amiga Grace Lagnado. Juntas, escrevemos um manual de orientações para pais: "Materne – uma publicação para os pais de hoje" que, infelizmente, não foi publicado; colaboramos, também, na elaboração de um curso de psicanálise de crianças. Hoje, Grace continua sendo uma grande interlocutora dos impasses que a clínica impõe.

Conheci Daniela Teperman e Julieta Jerusalinsky nos Encontros Nacionais sobre o Bebê que, posteriormente, se transformou na ABEBE – Associação Brasileira sobre o Estudo do Bebê. Em seu percurso, Daniela Teperman começou a trabalhar com inclusão, apresentando esta linda palestra no CAPSi – Mooca, que compartilho aqui com vocês.

Julieta Jerusalinsky, muito dedicada às questões da infância, sempre fomentando discussões clínicas, é uma grande pesquisadora para os impasses institucionais e clínicos.

A ONG Atua foi uma parceira importante no período de reconstrução do CAPSi – Mooca. Na clínica do impossível (palavras deles, nas nossas acaloradas reuniões), é preciso sempre contar com novas paixões juvenis, pois dada sua natureza transferencial, corremos o risco de cair no ostracismo repetitivo. Para combater tal mazela, entendemos que as atividades de ensino e pesquisa são os melhores remédios. Estes novos profissionais vieram, com toda garra e toda sorte de questionamento, desalojar o estabelecido no que ele sempre comporta de patológico, reinserindo as nossas antigas paixões de decifrar esta clínica. Agradeço a Thais Christofe Garrafa, Tide Silva, Renata de Carvalho Duarte, Carmen Lívia Parise e Maria Carolina Acciolyn por terem se dedicado a metaforizar suas experiências nestes textos que temos o prazer de ter neste livro.

Meu encontro mais recente, foi com Patrícia Cardoso Mello. Organizando o V Encontro da ABEBE, vimo-nos enredadas em temas semelhantes sobre alguns entraves da clínica com bebê. Troca extremamente profícua, cuja diversidade teórica veio a promover crescimento e grande campo de criação, é mais uma prova que a prática clínica deve sempre prevalecer sobre a certeza da teoria, e profissionais com percursos distintos têm muito a conversar.

Para finalizar, gostaria de enfatizar, mais uma vez, a diversidade de cenários possíveis para o atendimento de crianças que este livro traz. Isto ilustra a acuidade da escuta de cada profissional, independente da formalidade técnica. Valorizo muito esta diversidade, pois só vem a provar que a clínica tem que ser antes de tudo inventiva e criativa, esquivando-se de ser engessada com padrões de compreensão e ações pré-fixadas.

Organizei o livro da seguinte maneira: começamos pela primeira infância, a seguir podemos pensar no início do tratamento e seu final. Por fim, encontraremos situações de crianças em instituições, e a clínica com a psicose infantil.

Espero que, como eu, os leitores tenham bons encontros aqui.

Mira Wajntal

De quem é esse bebê?

Sobre conflitos na clínica da Primeira Infância

Mira Wajntal[1]
Patricia Cardoso de Mello[2]

Em um berçário de alto risco, encontra-se um bebê com poucas chances de sobrevivência. Sua mãe o abandonou definitivamente nas primeiras horas depois do parto. Devido à sua extrema prematuridade e às difíceis condições de seu nascimento, está sendo submetido a uma longa internação. Durante este período, duas enfermeiras se vinculam fortemente a ele e uma situação de conflito entre elas se instala. Elas brigam por causa dele, acusando-se mutuamente: uma diz que a outra não faz os procedimentos necessários, esta responde que a primeira não sabe lidar com um ser tão frágil... O conflito se estende à equipe como um todo, tornando o clima do berçário insustentável.

---

[1] Mira Wajntal, psicologa clínica e psicanalista. Mestre em psicologia clínica (Núcleo de psicanálise) pela PUC-SP. Autora do livro *Uma clínica para a construção do corpo*. (São Paulo, Via Lettera, 2004). Professora e supervisora clínica do curso de formação em psicanálise de crianças, do Centro de Estudos Psicanalíticos. Membro do Departamento de Psicanálise do Instituto Sedes Sapientiae.

[2] Patricia Cardoso de Mello é psicóloga e psicanalista. Doutora em psicopatologia fundamental e psicanálise pela Universidade de Paris VII; especialista em psicopatologia do bebê pela Universidade de Paris XIII. Trabalha há vários anos com crianças de 0 a 6 anos, em situação de risco. Atende crianças e adultos em consultório particular. Faz parte da equipe de supervisores que formam pediatras em psicanálise, no Instituto da Família.

O que exatamente estariam disputando estas duas profissionais?

Aos três anos, Alih recebe um diagnóstico de autismo de Kanner. Desde então, é inserido em uma instituição para crianças com psicopatologias graves. Mas a equipe de profissionais tem muita dificuldade em investi-lo libidinalmente. Seu estado vai se cronificando. Aos seis anos, ele é um autista típico: recusa o contato com os outros, só se interessa por certos objetos, urina por todos os cantos de sua casa e da instituição. Balança-se o tempo todo, produz sons guturais, cheira o que lhe passa pela frente e se mutila. Mal cuidado pelos pais, está sempre sujo e fedendo. Nesta época, entra uma nova terapeuta na instituição. Ela investe esta criança de maneira intensa e um vínculo entre eles se estabelece de uma forma bastante surpreendente. Alih senta perto dela, puxa-a pela mão para que ela se ocupe só dele, pede desenhos, olha-a de soslaio. A equipe se agita. Conflitos surgem em torno desta criança, que subitamente desperta o interesse dos demais profissionais. Estes exprimem agora o desejo de estar com a criança, a mesma que não pudera ser acolhida e que fora negligenciada durante três anos.

Mas afinal, o que teria provocado esta mudança?

Gustavo é um bebê desnutrido e altamente negligenciado por sua mãe, que tem muita dificuldade em sustentar, sozinha, seus seis filhos. Ele passa os dias em uma creche e impressiona a equipe por seu estado de desamparo. A nutricionista da instituição preocupa-se com o menino e vai visitá-lo no hospital, quando ele tem pneumonia, com um ano e um mês. Ela faz esta visita acompanhada de sua própria mãe que, face à impossibilidade assumida pela mãe de Gustavo de prestar os cuidados necessários à sua recuperação, se compromete a cuidar dele e o leva para sua casa. A mãe de Gustavo se mostra indiferente ao fato de se separar do filho. Ele fica, então, na casa desta outra família durante vários meses, sem nenhum tipo de solicitação da parte de sua mãe para recuperá-lo. Gustavo e a nova família vão criando laços. Num certo momento, sua mãe vai à televisão e acusa a dita família de ter roubado seu filho. O pai de Gustavo, que até o momento havia se recusado a reconhecê-lo, une-se a ela e ambos entram na justiça para reaver Gustavo. Uma disputa feroz pela guarda da criança se instala. Gustavo vai parar em um abrigo, e a disputa continua...

Não podemos deixar de nos perguntar o que gerou tamanha discórdia e o que operou a transformação de uma criança negligenciada em objeto privilegiado de desejo de duas famílias.

Com estranha freqüência, a clínica da pequena infância[3] coloca em evidência episódios de intenso conflito entre os adultos que se dedicam a cuidar de um determinado bebê. Na tentativa de prestar cuidados de qualidade, estes adultos caem em disputa pelo bebê, criando cenas de intensa rivalidade. Esta disputa pode, inclusive, ser observada em diferentes níveis: tanto entre os diversos profissionais encarregados de um atendimento, quanto entre os profissionais e os pais, ou mesmo entre as diversas instituições implicadas num caso. Não podemos esquecer, aliás, das disputas entre os próprios familiares ou pessoas próximas, como na última vinheta clínica descrita acima.

A prática clínica com bebês nos convida, portanto, a observar com atenção estes fenômenos – que podem ser situados no âmbito da transferência e da contratransferência –, e que, aparentemente, possuem algumas especificidades. Embora mencionados na literatura, tais fenômenos não foram suficientemente explorados e debatidos entre os psicanalistas, deixando intactos impasses que muitas vezes culminam em rupturas de tratamento ou imensas querelas institucionais. Efetivamente, deparando-se

---

[3] Na realidade, os fenômenos descritos neste artigo se referem à clínica do bebê e da criança pequena, podendo, no entanto, ser estendidos àquela da criança cuja patologia resulta em estados muito regressivos.

com situações de grande violência, os profissionais se vêem muitas vezes sem recursos técnicos para darem prosseguimento ao trabalho terapêutico.

Neste sentido, um debate aprofundado sobre o assunto se faz necessário, para que se procure explicitar alguns dos mecanismos psíquicos implicados nestes processos e assim colaborar com a construção de ferramentas teóricas e técnicas mais acuradas no exercício desta clínica. É inútil dizer que não se trata de assumir uma postura acusatória ou superegóica frente aos profissionais que se vêem envolvidos neste tipo de problemática, mas de tentar evitar a exposição de ambos, profissionais e pacientes, a situações potencialmente iatrogênicas.

É neste contexto que se insere o presente artigo. Ele pretende lançar alguma luz sobre um aspecto específico – mas aparentemente fundamental – da clínica da Primeira Infância e, mais precisamente, das situações de conflito que se estabelecem comumente em torno da criança pequena.

A inveja e seus destinos

Em *Psicologia das massas e análise do eu*, Freud (1920-1921) afirma que o instinto gregário – conceito definido por Trotter (1916) e que se refere à base do sentimento social – se constrói a partir do desejo compartilhado pelos membros de um grupo de que haja justiça, ou seja, de que haja um tratamento igual para todos por parte do líder. Mas este desejo somente ganha sentido na medida em que o indivíduo deseja primariamente ter toda a atenção deste último só para si. Temendo que isto seja efetivamente realizado por um de seus rivais, ele o inveja em fantasia e acaba optando por uma situação em que nenhum dos membros do grupo se destaque com relação aos outros. As idéias de justiça e igualdade surgiriam, portanto, como resolução deste conflito.

Segundo esta perspectiva, o sentimento social consistiria, basicamente, na criação de um destino positivo para a inveja. Neste processo de natureza sublimatória, dar-se-ia então a transformação de um sentimento primitivamente hostil num movimento de identificação com o outro.

Com efeito, para Freud, o sentimento comunitário não é inato. Ele se constrói lentamente ao longo da infância. E a inveja experimentada desde muito cedo pela criança na convivência com seus pares, especialmente irmãos,[4] constitui um dos fatores determinantes nesta construção. É a experiência viva da inveja, sentimento condenado pelos adultos investidos como objetos de amor, que impele a criança a encontrar para *isto* outro destino além de sua vivência e da manifestação aberta da hostilidade.

Tal hostilidade é de fato ameaçadora para a criança que muito rapidamente reconhece a afeição que os pais dedicam a seu rival. Sua expressão poderia resultar no afastamento destes últimos – ou seja, em última instância, na perda do amor –, o que se contrapõe de modo radical à verdadeira intenção da criança. A partir daí, a identificação com o rival, justamente pelo fato de ambos amarem o mesmo objeto, surge como solução de compromisso viável.

Na realidade, diante deste intenso conflito, múltiplos serão os destinos da inveja, numa dinâmica que nos parece estreitamente ligada àquela descrita por Freud (1915), em *As pulsões e seus destinos*. Nesta perspectiva, a inveja – indissociável das pulsões agressivas –, está sujeita a reversões de conteúdo e a oposições típicas da fruição pulsional, bem como à sublimação e ao recalcamento. Sua inibição poderia, por outro lado, resultar no aparecimento de angústia.

---

[4] Ainda de acordo com o autor, a intensidade da inveja tornar-se-ia mais dramática nas situações em que a criança presencia a cena de um irmão menor mamando no peito de sua adorada mãe, ou seja, ocupando este lugar por ele tão desejado.

Como ilustração deste impasse com o qual se depara o sujeito – situação em que a não transformação da inveja implica no surgimento da angústia –, citaremos uma entrevista realizada com um menino de cinco anos. Era seu segundo encontro. No primeiro, ele ficara fascinado com os brinquedos encontrados na caixa lúdica. Oriundo de uma classe social muito desfavorecida, só tinha oportunidade de utilizar este tipo de objeto na creche. Segundo relatou sua mãe, em casa praticamente não havia brinquedos.

Neste segundo encontro, a mãe vem à instituição acompanhada de mais dois de seus filhos, um mais velho e outro mais novo que o paciente. Apesar do prazer que havia demonstrado ao brincar durante o encontro anterior – e da insistência da mãe, que atribuía muita importância ao atendimento –, ele se recusa então terminantemente a entrar na sala sem os irmãos, sobretudo, sem o mais velho. Para ele, parecia impensável ter os brinquedos apenas para si. Dizia para o irmão: "*Você precisa ver como é legal!*" Quando questionado sobre esta hipótese, ele a confirma prontamente.

A possibilidade de que um dia ele pudesse vir a ser aquele que se encontra excluído ou privado da situação prazerosa parece ter motivado sua forte resistência a participar da segunda entrevista. A permissão de que seus irmãos pudessem também entrar na sala e, por um momento, compartilhar o objeto do desejo foi recebida com imenso alívio. Diante desta alternativa, ele não se viu penalizado nem pela privação, nem pela ameaça da amarga inveja.

Vemos aqui como a identificação entre os irmãos – enquanto derivação da inveja – funciona de maneira protetora para ambos, fortalecendo os laços de amor e companheirismo entre eles.

Segundo afirma Freud no texto "Bate-se em uma criança" (1919), para que a fruição pulsional possa se dar através da fantasia é necessário que esta passe por modificações, por uma "*his-*

tória evolutiva complicada, cuja trajetória varia mais de uma vez todos seus elementos: sua relação com o sujeito, seu objeto, seu conteúdo e sua significação."[5] Neste sentido, para se constituir como tal, uma fantasia teria vicissitudes regulares.

Supondo-se ser a inveja uma das experiências primordiais da estruturação do psiquismo no que tange às relações sociais, poderíamos imaginar seu desenvolvimento como similar àquele da fantasia de espancamento descrita em "Bate-se em uma criança".

De acordo com este raciocínio, temos, em primeiro lugar, o sujeito experimentando a inveja. Imediatamente, então, ele deseja tomar o lugar de seu rival, posto que este encarna neste momento a imagem de satisfação ou fruição pulsional plena. Em seguida, ele fantasia que seu rival pode perder este lugar, pois seus pais também o amam: "amam a mim e não a ele" será o conteúdo desta etapa. O que se transformará, pela reversão de conteúdo, no seguinte: "minha mãe me põe de lado, pois quer ao rival". Esta seria a parte da fantasia que se veria recalcada. Por fim, como formação de compromisso, teríamos os sentimentos gregários e de justiça, segundo os quais todos devem ter direitos iguais.

A parábola do rei Salomão e as duas prostitutas

Ainda no capítulo dedicado à discussão sobre o instinto gregário, em *Psicologia das massas e análise do eu*, Freud menciona a parábola do rei Salomão e as duas prostitutas como ilustração da teorização que faz sobre o sentimento de inveja subjacente às noções de igualdade e justiça social. Iremos agora

---

[5] Freud, S. (1981). Pegan a um nino. In: *Obras Completas de Freud*. (4a. ed.). Madri, Editora Biblioteca Nueva, p. 2468. (Original publicado em 1919).

salientar alguns aspectos desta passagem que nos parecem fundamentais do ponto de vista do tema do presente artigo. Eis aqui a passagem bíblica:

> "Então Salomão acordou, e eis que era sonho.
> *(...) E indo a Jerusalém, pôs-se perante a arca da aliança do SENHOR, e sacrificou holocausto, e preparou sacrifícios pacíficos, e fez um banquete a todos os seus servos.*
> *Então vieram duas mulheres prostitutas ao rei, e se puseram perante ele.*
> *E disse-lhe uma das mulheres: 'Ah! senhor meu, eu e esta mulher moramos numa casa; e tive um filho, estando com ela naquela casa.*
> *'E sucedeu que, ao terceiro dia, depois do meu parto, teve um filho também esta mulher; estávamos juntas; nenhum estranho estava conosco na casa; somente nós duas naquela casa.'*
> *'E de noite morreu o filho desta mulher, porquanto se deitara sobre ele.'*
> *'E levantou-se à meia noite, e tirou o meu filho do meu lado, enquanto dormia a tua serva, e o deitou no seu seio; e a seu filho morto deitou no meu seio.'*
> *'E, levantando-me eu pela manhã, para dar de mamar a meu filho, eis que estava morto; mas, atentando pela manhã para ele, eis que não era meu filho, que eu havia tido.'*
> *'Então, disse à outra mulher: Não, mas o vivo é meu filho, e teu filho, o morto. Porém, esta disse: Não, por certo, o morto é teu filho, e meu filho, o vivo.' Assim falaram perante o rei.*
> *Então, disse o rei: 'Esta diz: Este que vive é meu filho, e teu filho o morto; e esta outra diz: Não, por certo, o morto é teu filho e meu filho o vivo.'*
> *Disse mais o rei: 'Trazei-me uma espada.' E trouxeram uma espada diante do rei.*
> *E disse o rei: 'Dividi em duas partes o menino vivo; e dai metade a uma, e metade a outra.'*
> *Mas a mulher, cujo filho era o vivo, falou ao rei (porque as suas entranhas se lhe enterneceram por seu filho), e disse: 'Ah! Senhor*

meu, dai-lhe o menino vivo, e de modo nenhum o mateis. Porém, a outra dizia: 'Nem teu nem meu seja; dividi-o.'
Então, respondeu o rei, e disse: 'Daí a esta o menino vivo, e de maneira nenhuma o mateis, porque esta é sua mãe.'
E todo o Israel ouviu o juízo que havia dado o rei, e temeu ao rei; porque viram que havia nele a sabedoria de Deus, para fazer justiça."

Ao comentar a disputa bíblica das duas mulheres pelo bebê vivo em "Justice, envy and psychoanalysis", John Forrester (1997) diz que, numa primeira leitura, esta passagem costuma impressionar pela sabedoria do rei Salomão, capaz de apurar a verdade, e pela natureza incondicional do amor materno. Mas após uma reflexão mais aprofundada, vai de encontro às palavras de Freud e conclui tratar-se no fundo de um texto sobre a inveja, ponto nevrálgico do funcionamento mental humano.

Examinemos melhor a estória. Trata-se de uma mulher que perde o filho e reivindica como seu o filho de sua rival. Ela aceita a proposição do rei de dividi-lo ao meio, proclamando "*nem teu, nem meu seja*" – quer dizer, "se eu não tenho, que você também não". Deste modo, o rei nos faz compreender que a disputa, contrariamente às aparências, não visa a posse do suposto objeto de amor – o bebê –, mas consiste em um ataque àquela que possui este objeto de amor. Nesta situação, o rei só pode adotar sua conduta por ter conhecimento do que realmente motiva a estória: a inveja. Para Forrester, é *isto* o que de fato captura o leitor.

A leitura de Freud sobre o julgamento do rei Salomão não teria, portanto, como assunto principal nem este último e sua sabedoria, nem a verdadeira mãe e sua generosidade, mas a mulher que clama como seu o filho de sua rival e sua inveja. É ela quem revela como *nós* somos,[6] diz Forrester. Neste sentido, teríamos sido

---

[6] "*Freud´s simple interpretation is something of a shock. Focusing on the third party, the woman who maintains her claim reveals how it is* we..." Forrester, 1997, p. 15.

enganados pela estrutura da parábola.[7] Esta nos ilude, fazendo-nos pensar que o bebê é o elemento central da disputa, enquanto que o que realmente move a estória é a inveja que uma mulher tem da outra. Mais que uma prova de amor, a disputa constituiria, então, um ataque destrutivo.[8]

O autor prossegue, argumentando que qualquer um preferiria uma criança viva a vê-la cortada ao meio. Mas por que, então, um ser humano manteria seu apelo em tais circunstâncias? Vejamos o que ele conclui:

> "*... a mulher invejosa na verdade não está interessada em meio bebê, como se meio bebê fosse melhor que nada. Seu verdadeiro objetivo é se certificar de que a outra mulher não tenha bebê nenhum, exatamente como ela. Para ela, nenhum bebê é melhor que um. Desta forma, sua idéia de justiça não é a de uma redistribuição estável nem é inteiramente impessoal, a despeito da irônica lógica da divisão igual entre as partes: suas motivações e sua manifestação são destrutivas e pessoais, dirigidas não a um outro genérico, mas sim a um outro específico, que tem coisas que ela não tem.*"[9]

A lógica da inveja é aqui desvendada, fazendo com que sua natureza destrutiva apareça claramente.

---

[7] "*We have been duped by the structure of the parable.*" (idem, p. 15)

[8] "*The dispute is primarily an attack on the other woman, not a desperate expression of love.*" (ibidem, p. 16)

[9] "*...the envious woman is not truly interested in half a baby, as if half baby were better than none. Her true aim is to ensure that the other woman has no baby, just like her. For her, no baby is better than one. Her idea of justice, then, is not stably redistributive, nor is it entirely impersonal, despite the iron logic of equal share for equal subjects: its motivations and its manifestation are destructive and personal, aimed not at any* general *other, but at any* specific *other who has thing she does not have.*" (ibidem, p. 15, 16)

A inutilidade do objeto da inveja

O aspecto agressivo da inveja é também enfatizado por Santo Agostinho, em *Confissões*. Neste texto, encontra-se uma passagem – freqüentemente mencionada na literatura psicanalítica, mas raramente citada em sua forma integral – que caracteriza o sentimento invejoso como um dos mais primitivos da criança, como seu primeiro pecado. E esta "má inclinação" é algo que, com o passar do tempo, deve ser transformado, elaborado, recalcado.

Aqui está a passagem:

> *"Quem me poderá recordar o pecado da infância já que ninguém há que diante de Vós esteja limpo, nem mesmo o recém-nascido, cuja vida sobre a terra é apenas um dia? Quem me trará esse pecado à memória? Será porventura algum menino, ainda pequenino, onde posso ver a imagem do que fui e de que não me resta lembrança?...*
> *Assim, a debilidade dos membros infantis é inocente, mas não a alma das crianças. Vi e observei uma, cheia de inveja, que ainda não falava e já olhava pálida, de rosto colérico, para o irmãozinho de leite. Quem não é testemunha do que afirmo? Diz-se até que as mães e as amas procuram esconjurar este defeito, não sei com que práticas supersticiosas. Mas enfim será inocente a criança quando não tolera junto de si, na mesma fonte fecunda do leite, o companheiro destituído de auxílio e só com este alimento para sustentar a vida? Indulgentemente se permitem estas más inclinações, não porque sejam ninharias sem importância, mas porque hão de desaparecer com o andar dos anos. É este o único motivo, pois essas paixões não se podem de boa mente sofrer, quando se encontram numa pessoa mais idosa."*[10]

[10] Santo Agostinho, 2001, p. 29 e 30.

Referindo-se a passagem de Santo Agostinho que acabamos de citar, Lacan destaca no seminário sobre "Os quatro conceitos fundamentais da Psicanálise" que a criança que empalidece de inveja ao assistir seu irmão menor ser amamentado não tem mais necessidade do leite de sua mãe.[11] [12] Ela não precisa mais dele. Neste sentido, o objeto da inveja não seria algo realmente útil para o sujeito, algo realmente desfrutável, mas algo que satisfaz o outro, com o qual ele se compara e se identifica. Assim, o que causa inveja não é o objeto em si, mas a fruição pulsional que o outro obtém com este objeto. É a imagem da satisfação do outro que captura o sujeito.[13]

Assim, podemos afirmar que o objeto nada mais é que um operador da satisfação pulsional. Enquanto tal, pode ser variável ou descartável. Seu valor é atribuído pela satisfação proporcionada ao sujeito que dele se utiliza. O objeto em si, independentemente daquele que com ele obtém a satisfação, pode não significar nada. Ora, sabemos precisamente o que isto quer dizer. Enquan-

---

[11] "*Para compreender o que é a* invidia *em sua função de olhar, não se deve confundi-la com o ciúme. O que a criancinha, ou quem quer que seja,* inveja, *não é de fato necessariamente algo de que ela poderia* ter vontade, *como se exprime de maneira imprópria. A criança que olha seu irmãozinho, quem nos diz que ela ainda precisa da teta? Todo mundo sabe que a inveja é habitualmente provocada pela possessão de bens que não seriam, para aquele que sente inveja, de nenhum uso, e dos quais ele nem mesmo suspeita a verdadeira natureza.*"
Esta é a verdadeira inveja. Ela faz empalidecer o sujeito diante do quê? – diante da imagem de uma completude que se fecha, e do fato de que o pequeno a, *o* a *separado ao qual ele se suspende, pode ser para um outro a possessão com que este se satisfaz, a* Befriedigung".
Lacan J. (1973). Les quatre concepts fondamentaux de la psychanalyse. *Livre 11*. Paris, Editions du Seuil, p. 106. Seminário de 11 de março de 1964. [Tradução das autoras]

[12] Ao comentar esta passagem, Lacan formula o conceito de "complexo de intrusão", referindo-se à experiência psiquicamente invasiva que vive o irmão mais velho quando assiste sua mãe amamentar o irmão recém-nascido.

[13] A palavra *invidia* nos informa sobre o caráter escópico da inveja. Esta última poderia ser definida como o "pecado do olhar", já que nos remete à *imagem* da plenitude da satisfação do outro.

to mero operador da satisfação pulsional, ele faz com que o sujeito se sinta completo. Paradoxalmente, esta completude é sempre ilusória e evanescente, mas organizadora da sexualidade do sujeito e mote de sua incessante busca passional, tão necessária para que haja vida. Não seria esta a função que, em psicanálise, chamamos de falo?

O bebê como elemento privilegiado na dinâmica da inveja

Nenhum psicanalista põe em dúvida a equação simbólica proposta por Freud, onde bebê = fezes = pênis. Estes objetos catalisadores de satisfação pulsional são passíveis de substituição, conforme sua evolução libidinal. Mas, poderíamos nos questionar sobre as razões profundas pelas quais o bebê assume tão facilmente o estatuto de representante fálico. Neste sentido, aliás, não deixa de ser interessante ressaltar o fato de que o drama do rei Salomão e das duas mulheres se dê justamente em torno de um bebê.

Levantaremos aqui unicamente dois aspectos desta complexa questão. Em primeiro lugar, a situação de desamparo primordial na qual se encontra o filhote humano, e em segundo lugar, o valor que este adquire enquanto depositário de desejos e expectativas das gerações precedentes.

Durante os primeiros anos de vida, a dependência do bebê com relação a um semelhante que possa identificar e satisfazer suas necessidades é absoluta. Sem a ajuda alheia, ele não sobrevive. Fica exposto às excitações dos estímulos endógenos que pouco a pouco se transformarão em estímulos pulsionais, provocando intensas sensações de desprazer.

Esta condição de desamparo primordial na qual se encontra o recém-nascido, desperta facilmente no outro um desejo de oferecer proteção e cuidados. Neste sentido, a condição efetivamente precária do bebê dá suporte à fantasia de completude que ele gera no adulto que dele cuida.

Outro aspecto a ser levado em consideração é o fato de o bebê suscitar a questão da relação entre as gerações,[14] seu futuro e suas dívidas. Esta questão entra em pauta quer pela herança da dívida simbólica transferida de pais para filho, pelos ideais projetados para o futuro, quer no sentido monetário, onde a ordem natural inscreve que um filho não deve ser concebido esperando-se uma retribuição de todo o "investimento" e dedicação prestados na criação. Neste caso, a dívida é paga com os frutos da terceira geração.

Neste sentido, um filho sempre se insere na trama das gerações, trama esta doadora da potência criativa, mas passível de geração de dívida. Encontraremos na clínica toda sorte de conflitos em torno disto. Mas pode se dizer que, a exemplo de Hamlet,[15] quando o pagamento da dívida não é aceito na ordem temporal das gerações, se está sujeito a hesitar ou a oferecer-se, concretamente, como pagamento desta dívida.

Desta forma, podemos compreender como a condição de dependência do recém-nascido comporta uma ambivalência original. Pois, antes que uma criança aprenda a reconhecer o desejo pelo símbolo, ele só é visto no outro, em uma relação imaginária, especular e alienada. Nesta condição, o outro, geração antecedente, é tanto doador como aquele que pode disputar o objeto com o sujeito.

Assim, concordando com as formulações de Lacan, o desejo do sujeito quando inscrito só pode se confirmar através de uma concorrência, de uma rivalidade com o outro, na disputa do objeto para o qual tende. "*E cada vez que nos aproximamos, num sujeito, dessa alienação primordial, se engendra a mais radical*

[14] Forrester, p. 41.

[15] *Hamlet por Lacan*. Lisboa, Assírio & Alvim, 1989.

agressividade – o desejo do desaparecimento do outro enquanto suporte do desejo do sujeito."[16]

Esta alienação primordial do sujeito em relação ao desejo do outro toma proporções mais dramáticas se pensarmos que nossa existência é inaugurada na medida em que ocupamos no passado o lugar de objeto. Isto é, ocupamos o lugar investido libidinalmente como falo, e para tanto, fomos o mote da satisfação de alguém da geração antecedente. Inevitavelmente, também fomos, nem que parcialmente, descartados. Inaugurado assim nossos dramas e narrativa histórica.

Dinâmica da inveja e clínica da Primeira Infância

A partir das reflexões expostas até aqui nos dedicaremos a pensar nas questões levantadas no início do texto sobre as querelas institucionais observadas na clínica da primeira infância.

Como vimos, de acordo com a análise da parábola do rei Salomão, o bebê vivo não é propriamente o *objeto* da inveja. O verdadeiro objeto da inveja é a fruição pulsional que ele proporciona. Ou seja, é pelo fato de ocupar o lugar do falo para um outro que o bebê torna-se capaz de desencadear, num terceiro, um sentimento invejoso implacável.

Nas vinhetas clínicas apresentadas no início deste texto, fica evidente o enorme poder que o *infans*[17] adquire quando lhe é atribuído o valor de representante fálico. É assim que Alih, o garoto autista negligenciado pela equipe durante anos, vira objeto de disputa justamente no momento em que a nova terapeuta o investe libidinalmente. Deste ponto de vista, a situação de

[16] Lacan, J. (1975). Le séminaire. *Livre I. Les écrits techniques de Freud.* Paris, Editions du Seuil, p. 193. Seminário de 5 de maio de 1954. [Tradução das autoras]

[17] Criança que não fala.

Gustavo é muito similar. É somente quando a família "adotiva" o leva para a casa, que ele se torna objeto de desejo para seus pais biológicos. O que nos surpreende nestes casos é a violência de todos estes investimentos e contra-investimentos, que encontram sua origem exatamente na primitividade deste sentimento constitutivo do ser humano que é a inveja.[18]

Nas instituições que prestam cuidados à Primeira Infância, vemos freqüentemente disputas pelo lugar de completude junto à criança. Em casos extremos de risco iminente de morte do bebê, os profissionais cuidadores estão permanentemente expostos à perspectiva de salvar aquela criança. Ser tudo para ela pode gerar um sentimento positivo de potência que facilmente se transforma num sentimento de poder, e mesmo de superioridade com relação aos demais membros da equipe, já que estamos aqui em pleno campo narcísico. Tal parece ter sido o caso das duas enfermeiras mencionadas numa das vinhetas clínicas.

Com efeito, os profissionais da Primeira Infância são freqüentemente tentados a assumir um lugar de disputa, capturados pela rivalidade em relação a outro adulto – seja ele um familiar da criança ou um outro profissional – e pelo desejo de estabelecer com esta última uma relação dual que exclua quaisquer outros elementos.

Em alguns casos, observaremos que os demais profissionais da instituição se colocam numa posição infantil, sentindo-se desamparados e abandonados pelo colega que está absorvido por um vínculo estreito com uma determinada criança, num determinado momento. Ocupando esta posição de exclusão, eles não podem verdadeiramente operar como terceiros, o que seria necessário para sustentar e estimular o atendimento prestado a esta criança.

Analogamente, sabemos que muitos pais, ao verem a esposa na relação de encantamento com seu bebê recém-nascido, ficam ciumentos e invejosos, portanto impossibilitados de

[18] O aspecto constitutivo da inveja foi amplamente desenvolvido por Melanie Klein, que dedicou boa parte de seus escritos ao assunto.

exercerem sua função de provedores de segurança e estabilidade para que a mãe possa, tranqüilamente, dedicar-se à maternidade. Este lugar de terceiro que fortalece o laço mãe-bebê, freqüentemente desvalorizado tanto pelo pai como pelos demais membros de uma equipe, é tão importante quanto o outro de provedor de cuidados.

Neste sentido, no atendimento psicoterapêutico pais-bebê, é fundamental que o analista possa sustentar esta função de terceiro de maneira similar àquela com que se espera que um pai faça, de modo a dar condições para que a mãe exerça a maternagem. De fato, é muito importante que o profissional seja capaz de suportar que o lugar de outro primordial não seja ocupado por ele – mas que seja *efetivamente* ocupado por uma outra pessoa que se responsabiliza pelos cuidados da criança. Isto nos coloca, aliás, uma questão central desta clínica que é a tentação permanente do profissional da Primeira Infância de ocupar o lugar materno.

Pode acontecer que o caso requeira que este profissional invista libidinalmente a criança, exercendo de maneira provisória a função materna. Em tais situações, isto deve ser feito sem que se crie uma rivalidade com os pais. Tal manejo terá apenas o intuito de promover uma identificação dos pais com esta posição para que eles mesmos possam progressivamente exercê-la, ou de inscrever um lugar de diferenciação para o bebê.

É importante ressaltar que se assujeitar temporariamente à fantasia de completude é condição inerente ao atendimento da Primeira Infância e dos estados regressivos do desenvolvimento. Por isso, os profissionais que a ela se dedicam devem estar atentos e disponíveis às suas vicissitudes, de forma que estas vivências não se transformem em labirintos sem saídas, mas sim em chaves que possam proporcionar o avanço do caso.

Nas instituições, a função do terceiro como sustentação da dupla deve ser assumida pelos demais membros da equipe, propiciando que o clínico diretamente envolvido com o caso não se perca em uma fantasia de completude, à qual inevitavelmente estará assujeitado. Neste sentido, a equipe deverá, na medida do andamento do caso, ocupar o lugar de terceiro enquanto interdição e limitação, exercendo a separação entre o profissional e o bebê. A possibilidade de oscilação entre estes dois tipos de posição do terceiro – configurando uma dupla função[19] – é, seguramente, um dos indicadores da qualidade do funcionamento da equipe ou do analista.

Referências Bibliográficas

Forrester, J. (1997). *Dispatches from the Freud Wars*. Cambridge, Massachusetts. London, England.

Freud, S. (1974). *Os Instintos e suas Vicissitudes*. In: *Edições Standard Brasileira das Obras Completas de Freud*. Rio de Janeiro, Imago. (Original publicado em 1915).

_________. (1981). Pegan a um nino. In: *Obras Completas de Freud*. (4ª). Madri, Editora Biblioteca Nueva. (Original publicado em 1919).

_________. (1998). *Além do Princípio do Prazer.* Tradução de Christiano Monteiro Oiticica, Rio de Janeiro, Imago. (Original publicado em 1920).

_________. (1981). Psicologia de las masas y analisis Del yo. In: *Obras Completas de Freud*. (4ª. ed.). Madri, Editora Biblioteca Nueva. (Original publicado em 1920-1921).

Lacan J. (1987). *Os complexos familiares*. Rio de Janeiro, Jorge Zahar Editora.

_________. (1975). Le séminaire, Livre I. *Les écrits techniques de Freud*. Paris, Editions du Seuil.

---

[19] Conceito trabalhado por Patricia Cardoso de Mello, no V Encontro Nacional sobre o Bebê.

__________. (1973). Le séminaire, Livre XI. *Les quatre concepts fondamentaux de la psychanalyse.* Paris, Editions du Seuil.

__________. (1989). *Hamlet por Lacan.* Lisboa, Assírio & Alvim.

Mezan, R. (1987). A inveja. In: *Os sentidos da paixão*. São Paulo, Funarte/ Companhia das Letras.

Santo Agostinho. (2001). *Confissões. Livro I.* RJ/Petrópolis, Editora Vozes.

Trotter,W. (1916). *Instincts of the herd in peace and war*. Londres. Citado em: Freud, S. (1981). Psicologia de las masas y analisis Del yo. In: *Obras Completas de Freud*. (4ª. ed.). Madri, Editora Biblioteca Nueva. (Original publicado em 1920-1921).

CLÍNICA INTERDISCIPLINAR COM BEBÊS

Qual a importância clínica de considerar a especificidade desse campo?*

Julieta Jerusalinsky[20]

Há mais de 30 anos o campo da clínica com bebês[21] que apresentam problemas em seu desenvolvimento e constituição psíquica – com ou sem patologias orgânicas de base – recebeu a denominação de *estimulação precoce* (E.P.).[22]

Ao longo desses anos, a experiência propiciada pela clínica com a primeira infância corroborada pelas descobertas da neurociência – tal como a da plasticidade neuronal –, foi demonstrando a importância decisiva dos primeiros anos de vida para a constituição psíquica e para as aquisições instrumentais[23] – de linguagem, psicomotricidade e construção do pensamento.

---

[20] Psicanalista, mestre e doutoranda em psicologia clínica (PUC-SP), especialista em estimulação precoce, pesquisadora vinculada ao Laboratório de Psicopatologia Fundamental (PUC-SP), professora do Centro Lydia Coriat e da especialização em clínica interdisciplinar com o bebê (COGEAE/PUC-SP), membro da Associação Psicanalítica de Porto Alegre (APPOA) e da Clínica Interdisciplinar Dr. Mauro Spinelli –SP. Autora do livro *Enquanto o futuro não vem – a psicanálise na clínica interdisciplinar com bebês* (Ágalma, 2002).

[21] As questões aqui abordadas integram pesquisa de doutorado realizada junto ao Laboratório de Psicopatologia Fundamental no setor de Psicologia Clínica PUC-SP, sob orientação do Prof. Dr. Manoel Tosta Berlinck.

[22] UNICEF. Diversos autores. (1978). *Estimulación Temprana – importancia del ambiente para el desarrollo del niño.* (2ª. ed.). Santiago de Chile.

[23] Coriat, L. e Jerusalinsky, A. (1983). Aspectos estruturais e instrumentais do desenvolvimento. *Escritos da Criança.* Porto Alegre, Centro Lydia Coriat, 4.

A partir daí, diversas disciplinas começaram a voltar os seus objetos de estudo para a primeira infância, produzindo práticas que, se bem tomassem o bebê, permaneciam com seus focos centrados no objeto de estudo de cada disciplina de modo dissociado. Deu-se lugar assim a intervenções precoces em fisioterapia, fonoaudiologia, terapia ocupacional, educação, psicologia e também psicanálise – disciplinas estas que, inicialmente, não tinham uma *praxis* voltada para a idade de zero aos três anos.

A organização da produção do conhecimento por áreas possibilitou aprofundar o estudo em determinados aspectos do objeto de cada disciplina, respondendo ao ideal de ciência do século XX – baseado nos princípios de ordem, separação e redução. Tais princípios, porém, levaram a uma fragmentação do conhecimento, produzindo sérias dificuldades quando o que está em jogo é a intervenção clínica com um bebê. Afinal, por quantos especialistas deve passar um bebê que apresenta um problema? Quantos tratamentos simultâneos deveriam ser empreendidos, quando o que se busca é sanar, área por área, todos os aspectos implicados no desenvolvimento e na constituição psíquica?[24]

Temos aí uma séria questão clínico-epistemológica no que tange à intervenção com bebês. Ela coloca a necessidade de refletirmos acerca das respostas que vêm sendo produzidas em tal campo.

Uma resposta possível consiste em submeter o bebê à fragmentação do conhecimento de objetos específicos de cada disciplina, fazendo sucessivas intervenções clínicas que respondam à lógica da área por área. Tem-se, deste modo, estimulação visual,

---

[24] Questão amplamente abordada por diversos escritos do campo da clínica interdisciplinar com bebês e crianças.
Ver: Coriat, E. (1995). *Psicanálise e clínica com bebês*. Porto Alegre, Artes e Ofícios; Jerusalinsky, A. (1998). Quantos terapeutas para cada criança? *Escritos da Criança*. Porto Alegre, Centro Lydia Coriat de Porto Alegre, 5; Silvia Molina (1998). O bebê da estimulação precoce. *Escritos da Criança*. Porto Alegre, Centro Lydia Coriat, 5.

estimulação auditiva, estimulação motora, intervenção precoce em psicologia, intervenção psicanalítica precoce, educação precoce, intervenção fisioterapêutica precoce, intervenção fonoaudiológica precoce, e assim por diante.

Outra possibilidade é a de partir, em termos epistemológicos, de uma inversão de tal proposição, reconhecendo uma especificidade na clínica com bebês. Isto lança novas interrogações ao conhecimento já constituído e revela as limitações das práticas *standard* de cada disciplina, quando se trata de bebês. Este é o princípio que permeia o estabelecimento da estimulação precoce como um campo clínico específico aberto a considerar a especificidade colocada pela primeira infância, em lugar de procurar tornar redutível o bebê ao recorte produzido nele por cada área do conhecimento.

A escolha por esse segundo caminho gera, então, um duplo movimento:

- Em primeiro lugar, a produção de uma fundamentação clínico-epistemológica da clínica da estimulação precoce, a partir da concepção que se tome como referência para o seu exercício. Deixa-se, assim, de dar por suposto que esta concepção já estaria implícita dentro do *corpus* teórico de cada disciplina, e passa a ser preciso elaborar conceitualmente o que consiste bebê, precocidade, estímulo, relação mãe-bebê, ao invés de tomá-los como nomenclaturas "naturalmente" imanentes da primeira infância e de, portanto, considerar que há um acordo geral acerca do que se quer dizer com tais termos.
- Em segundo lugar, considerar a clínica com bebês como um campo específico que exige dos profissionais oriundos de diferentes formações (ao intervir enquanto *clínicos em estimulação precoce*), a produção de uma extensão dos conhecimentos de sua disciplina de base ao

> deparar com a especificidade da clínica com bebês. Reconhecer o exógeno que tal campo clínico comporta em relação aos conhecimentos e práticas de sua disciplina de base também coloca a necessidade de uma formação específica para intervir com bebês, que se sustente em uma permanente interlocução interdisciplinar, para poder avançar nas questões despertadas pela *praxis*. Dá-se lugar, assim, a uma especialização às avessas, no sentido de que procura estabelecer a interlocução das diversas disciplinas, numa religação desses saberes,[25] postos em causa, a partir do bebê.

Fica claro aí que a clínica interdisciplinar não consiste em uma ilusão imaginária de fechamento da totalidade somando-se área por área, tal como se vislumbra no horizonte da multidisciplina.[26] Isto porque a constituição psíquica de um bebê e suas aquisições instrumentais não se produzem como efeito da soma da eficácia parcial do funcionamento de cada uma das funções. A clínica interdisciplinar parte de um reconhecimento dos limites de abrangência da prática clínica de cada disciplina, sendo necessária, ao tratar de bebês, a produção de uma clínica específica para dar conta de um campo que, se bem esteja recortado, delimitado e estabelecido pela fronteira com diversas disciplinas, não é possível de ser abarcado em sua complexidade por nenhuma delas de modo isolado.

Considerar que a estimulação precoce surge e estabelece seus contornos a partir das fronteiras com diversas outras disciplinas, com as quais sustenta uma interlocução que, permanentemente, situa a exterioridade em relação a esse campo ao mesmo tempo em que redefine sua interioridade, "*assim* como *fazem os rios e as cidades, materialmente organizados pelos obstáculos que*

---

[25] Morin, E. (1999). *A religação dos saberes*. Rio de Janeiro, Bertrand.

[26] Jerusalinsky, A. (1990). Multidisciplina, interdisciplina, transdisciplina. *Escritos da Criança*. Porto Alegre, Centro Lydia Coriat de Porto Alegre, 3.

os encerram e os ignoram",[27] é um modo de propor a produção de conhecimento em tal campo: modo no qual o que se toma como ponto de partida são os problemas específicos que a clínica com bebês situou e situa e em relação aos quais a clínica e o conhecimento só podem produzir algum avanço, a partir da interlocução de diversas disciplinas.

> *"Eis os desafios da complexidade e, claro, eles encontram-se por toda parte. Se quisermos um conhecimento segmentário, encerrado em um único objeto, com a finalidade única de manipulá-lo, podemos então eliminar a preocupação de reunir, contextualizar (...). Mas se quisermos um conhecimento pertinente, precisamos reunir, contextualizar (...), buscar, portanto, um conhecimento complexo."*[28]

O termo *complexus* significa "o que está ligado, o que está tecido". E é justamente esse tecido que é preciso conceber para não se fechar em um pensamento tautológico,[29] ou seja, vazio, no qual um bebê fica recortado por diversas áreas, cada uma extremamente preocupada que a intervenção corresponda à lógica de pensamento do seu objeto de estudo, reduzindo a clínica ao campo de verificações segmentárias para comprovar a eficácia da técnica aplicada.

Ao mesmo tempo, tal complexidade aponta as múltiplas interações entre acontecimentos e conseqüências que estão em jogo na constituição psíquica e no desenvolvimento de um bebê. Sendo impossível reduzir a intervenção em tal campo a uma lógica biunívoca entre causa e efeito – conforme o princípio de causalidade linear próprio do ideal científico baseado no método "dedutivo-indutivo-identitário".[30]

---

[27] Milner, J.-C. (1995). *A obra clara*. Rio de Janeiro, Jorge Zahar Editora, p. 9.
[28] Morin, E. (1999). *A religação dos saberes*. Rio de Janeiro, Bertrand, p. 566.
[29] Como aponta Morin, obra citada, p. 564.
[30] Idem, p. 560.

É a partir de tais problemas clínicos e proposições epistemológicas que consideramos interessante e praticamos uma *clínica interdisciplinar em estimulação precoce,* a partir do corte epistemológico que a psicanálise produz nesse campo, a fim de "*resgatar algumas das funções da clínica geralmente esquecidas nas práticas que se ancoram na técnica como garantia de cientificidade; tornar o desconhecimento formulável; criar um campo de interrogação às teorias; expor enigmas da experiência clínica.*"[31]

A partir de tal contexto, é possível considerar duas interrogações que permeiam o trabalho:[32]

- Que contribuições a psicanálise produz na clínica interdisciplinar com bebês?
- Que questões a clínica interdisciplinar com bebês provoca na psicanálise?

Se bem que seja impossível abarcar aqui a extensão que o desdobramento destas duas interrogações comporta, talvez já valha a pena situá-las e começar a apontar algumas das considerações a que dão lugar.

Algumas contribuições da psicanálise na clínica interdisciplinar com bebês

É certo que, para aqueles que provêm da psicanálise, os termos *estimulação* e *precocidade* que, originalmente, denominam

---

[31] Vorcaro, A. (1999). *Crianças na psicanálise –clínica, instituição, laço social.* Rio de Janeiro, Companhia de Freud, p. 116.

[32] Se bem eles sejam aqui propostos na interlocução e interface entre estimulação precoce e psicanálise, estas mesmas interrogações podem ser situadas em relação a diversas disciplinas, tais como pediatria, fonoaudiologia, psicopedagogia, psicomotricidade, fisioterapia, terapia ocupacional etc.

um campo específico da clínica com bebês, não resultem, a princípio, muito confortáveis, dado que o primeiro tem sido fortemente capturado por uma concepção comportamentalista, remetendo, à primeira mão, à noção de estímulo-resposta próprio do condicionamento operante. Já o termo "precoce" pode levar a crer que a intervenção consistiria em produzir uma espécie de ilusória "aceleração nas aquisições".[33]

Por sinal, nada mais de acordo com os ideais de nossa época – na qual, as agendas de pequenas crianças e até mesmo de bebês ficam lotadas de atividades que se propõem a incrementar as potencialidades dos rebentos para torná-los, o quanto antes, mais aptos para viver em um mundo competitivo.[34]

Ocorre que o clínico é convocado a intervir diante de um mal-estar, de um fracasso no circuito de realização do bebê e/ou dos pais, diante dos ideais sociais e parentais acerca da infância, maternidade e paternidade de nossos tempos.

Freqüentemente, diante de tal fracasso, as intervenções propostas visam à adaptação do bebê, lançando-o à posição de um objeto posto a serviço do gozo com a eficácia materna, paterna, educacional ou terapêutica.

Nesse sentido, a *clínica interdisciplinar em estimulação precoce* que se produz a partir do corte epistemológico da psicanálise[35] implica um avesso de tais práticas. Tal intervenção aponta à apropriação dos diferentes aspectos instrumentais pelo bebê:

---

[33] Os conceitos de estímulo e precocidade na clínica com bebês foram abordados em escrito anteriormente publicado.
Jerusalinsky, J. (2002). *Enquanto o futuro não vem –psicanálise na clínica interdisciplinar com bebês*. Salvador, Ágalma.

[34] Jerusalinsky, J. (1997). Bebês ou pequenos executivos? *Boletim do CEPAGIA*. Brasília, CEPAGIA, 2.

[35] Considerando aqui que certas concepções oriundas da psicanálise podem operar uma extensão a esse campo, sem constituir uma clínica especificamente psicanalítica, mas um corte epistemológico que atravessa a estimulação precoce por meio de eixos norteadores da prática clínica, tais como: constituição do sujeito, direção do tratamento, brincar e transferência.

que ele possa apropriar-se do conhecimento e da construção do pensamento, de seu corpo em movimento, da língua, dos hábitos de vida próprios da cultura à qual pertence, mas que possa vir a fazê-lo tendo lugar um funcionamento desejante que possibilite a atribuição de uma autoria a suas produções. Por isso, tal clínica implica, na intervenção, a conjunção da apropriação dos diversos aspectos instrumentais com a instauração de um sujeito do desejo no bebê.

Para tanto, torna-se fundamental que a intervenção opere com a sustentação dos pais, em relação ao exercício das funções materna e paterna. Pois é somente a partir de um desejo não anônimo,[36] que um bebê poderá vir a desejar em nome próprio. Caso contrário, corre-se o risco de que o bebê se torne um objeto da eficácia anônima da técnica.

Que os termos *estimulação* e *precoce* remetam a diferentes significações, coloca a necessidade de produzir em torno dos mesmos uma fundamentação conceitual, explicitando qual concepção eles assumem a partir do corte epistemológico que a psicanálise produz no campo da estimulação precoce.[37]

É preciso considerar que o que põe em movimento a constituição do bebê não é o puro estímulo externo perceptivo, mas o circuito pulsional em seu enlace ao campo do Outro e, portanto, à ordem da linguagem. O estímulo perceptivo recebido pelo bebê, para chegar a ter qualquer significação e inscrever-se, passa necessariamente pelo campo do Outro, um Outro encarnado, que a partir de seu circuito de desejo e demandas situa, o estímulo recebido desde uma rede simbólica. Daí a diferença exis-

---

[36] Lacan, J. (1969). Dos notas sobre el niño. *Intervenciones y Textos 2*. Buenos Aires, Manantial.

[37] A seguir, traremos de modo breve estas concepções. Os registros da temporalidade na clínica com bebês e o conceito de estímulo, assim como diversas outras questões aqui apontadas acerca da especificidade desse campo clínico são mais amplamente abordadas em: Jerusalinsky, J. (2002). *Enquanto o futuro não vem –psicanálise na clínica interdisciplinar com bebês*. Salvador, Ágalma.

tente entre todos os estímulos do meio, que chegam permanentemente até o bebê, daqueles estímulos que efetivamente fazem marca para ele, propiciando ou fazendo obstáculo à sua constituição psíquica e desenvolvimento.

No encontro do bebê com esta rede simbólica sustentada por um Outro encarnado e posta em ato nos cuidados maternos, vão se produzindo efetivas inscrições no corpo do bebê, sustentadas a partir de uma tela simbólica tecida pelo fantasma materno e parental e pelos ideais familiares e da cultura. E, desde muito cedo, já é possível constatar o efeito de tais marcas no estabelecimento de um estilo no funcionamento das diferentes funções do bebê, seja em sono-vigília, fome-saciedade, atividade-repouso, tensão-relaxamento, silêncio-vocalizações.

Nesse sentido, é interessante recordar que a origem etimológica do termo *estímulo* encontra-se ligada a *estilo* e a *escrita*.[38] É a partir da inscrição em seu corpo dos significantes da tela simbólica parental que se estabelece no bebê, um estilo de *funcionamento de suas funções*.[39]

O termo *precoce*, por sua vez, vem apontar a incidência do tempo na intervenção com a primeira infância. Pois se bem o sujeito não se constitua por uma cronologia, o relógio está aí a nos lembrar que não é em qualquer momento da vida que a estrutura psíquica encontra a mesma permeabilidade às inscrições.

Isto marca a importância da interface de trabalho entre os profissionais que normalmente acompanham a primeira infância – como o pediatra, o puericultor, o professor da creche ou berçário – e o clínico em estimulação precoce, a fim de possibilitar a realização de interconsultas para discussão de caso, da avaliação do bebê e, quando necessário, de um encaminhamento a tratamento, ao se detectar que a constituição psíquica

---

[38] Jerusalinsky, J. (2002).

[39] Bergès. (1988). Função estruturante do prazer. *Escritos da Criança.* Porto Alegre, Centro Lydia Coriat, 3.

e o desenvolvimento do bebê não estão correndo bem. Tal interface dá lugar a intervenções que surtem efeitos constituintes para o bebê, em um momento da vida em que ainda há extrema permeabilidade às inscrições, em lugar de realizar encaminhamento a tratamento apenas quando os quadros patológicos já aparecem configurados em todos os seus traços e, portanto, mais decididos.

A permeabilidade da estrutura psíquica deve-se ao fato de o bebê encontrar-se em um momento da constituição em que está fortemente sujeitado ao lugar que lhe é atribuído pelo Outro encarnado – ou seja, aqueles que exercem, para o bebê, as funções materna e paterna. São os pais que sustentam, para o bebê, a tela simbólica desde a qual se geram as antecipações imaginárias e estas, por sua vez, permitem que se ponham em ato as antecipações funcionais: por exemplo, é por supor antecipadamente o bebê como todo um menininho que poderá vir a jogar futebol que ele é convocado a chutar a bola. Ou, é por supor antecipadamente que a bebezinha é toda uma mulher que poderá tornar-se bailarina, que ela é convocada a dançar conforme o ritmo da música, enquanto todos festejam a realização.

Ao se intervir em um momento da vida em que o Eu não está constituído – em que os ideais que possibilitam uma identificação são radicalmente sustentados pelo Outro encarnado –, tanto mais importante é que a intervenção esteja atenta à constituição psíquica e às funções materna e paterna que dão sustentação ao bebê. "*Há aí uma questão fundante, a primeira de todas – eu existo?- e* (o bebê) *só pode saber disto ao se constatar visto por alguém.*"[40]

O espelho identificatório a partir do qual o bebê pode vir a reconhecer-se sofre sérias distorções quando, em lugar de ter

[40] Lichtenstein, D. (1987). O trabalho com crianças na fronteira das palavras. *Escritos da Criança*. (2a. ed.). Porto Alegre, Centro Lydia Coriat de Porto Alegre, 1, p. 28.

como ponto de partida um olhar do Outro encarnado que se dirija ao bebê supondo-o num lugar de potência, encontra-se disperso no olhar de vários especialistas que se dirigem de modo parcial às funções corporais, pondo em foco o que delas fracassa. "*Tomar linearmente a função perturbada, tendendo a estimulá-la de forma isolada, significaria dizer à criança que o que a individualiza é seu déficit: desde a primeira idade a criança receberia constantemente mensagens apontando-lhe mais o que não pode fazer do que o que é capaz de realizar*".[41] Isto, sem dúvida surte os seus efeitos sobre a apropriação que um bebê poderá vir a fazer das funções, sobre o modo em que poderá colocar em cena seu corpo, sua fala e sua possibilidade de articular um saber.

Daí a proposição de que seja *um* clínico especialista em estimulação precoce, sustentado no marco de uma equipe interdisciplinar,[42] quem esteja a cargo da direção do tratamento com o bebê. Pois é o bebê quem é tratado – é a ele e à sustentação das funções materna e paterna, fundamentais para sua constituição, que se dirige a intervenção, e não a um múltiplo recorte técnico que vem focalizar, de modo fragmentado, os diversos fracassos das funções.

Trata-se aí de contemplar clinicamente a especificidade de se intervir em um tempo, no qual é preciso sustentar as coordenadas para que o bebê possa constituir-se. Pois, se bem que o bebê esteja presente, ele ainda não é "Um". Ele ainda não tem um Eu, como instância psíquica, e ainda não tem estabelecida uma imagem unificada de seu corpo. Eis a questão que a clínica com bebês nos coloca: intervir com o sujeito quando este ainda

---

[41] Coriat, L. e Jerusalinsky, A. (1975). *Estimulación Temprana*. Conferência pronunciada no III Congresso Iberoamericano de Neuropsiquiatria Infantil. São Paulo. Citado em: (1987). *Escritos da Criança*. (2a. ed.). Porto Alegre, Centro Lydia Coriat de Porto Alegre, 1, p. 74.

[42] Acerca do dispositivo de terapeuta único em estimulação precoce, ver: Coriat H. (1993). E.T. hacedores de bebés. *Escritos de la Infancia*. Buenos Aires, FEPI-Centro Dra. Lydia Coriat de Buenos Aires, 1, p. 50.

não está instaurado. Sustentar o marco que possibilita produções instrumentais atribuídas a um bebê suposto como sujeito.

Algumas questões que a clínica com bebês coloca à psicanálise

Há clínicas que nos colocam na *soleira da psicanálise,*[43] mostrando-nos os limites de sua elaboração e fazendo-nos procurar pelos princípios norteadores que nos permitem intervir desde uma referência psicanalítica em uma clínica cuja experiência não é a *standard.*[44]

Nessa direção, uma das primeiras constatações clínicas é que, diante dos bebês, o dispositivo psicanalítico da associação livre revela-se ineficaz para a intervenção.

O momento da constituição psíquica na qual um bebê se encontra, este momento tão primordial, faz necessário o exercício de certa mestria do saber para que o sujeito possa instaurar-se. É isso que as mães fazem com seus filhos, quando as coisas andam relativamente bem. A partir de seu saber inconsciente, a mãe supõe uma demanda no bebê – ele tem frio, tem fome, tem sono etc. – mas também certifica-se, após realizar uma determinada oferta, de que seja isso mesmo o que o bebê estaria a querer. Deste modo, as mães, ao mesmo tempo que exercem um saber com o filho, supõem que este também deteria um saber não coincidente com o dela, atribuindo-lhe, portanto, a condição de sujeito.

---

[43] Lacan, J. (1958). De una cuestión preliminar a todo tratamiento posible de la psicosis. *Escritos*. Buenos Aires, Siglo Veintiuno, p. 518.

[44] É certo que isto não é exclusivo do campo da clínica com bebês; diz respeito também a outras clínicas, como a da psicose - diante da qual foi preciso discutir novas abordagens de intervenção à medida em que foi possível ir fundamentando as peculiaridades assumidas no tratamento pelo lugar do analista, da fala do paciente e, principalmente, da transferência. A este respeito, ver: Lacan, J. (1958). De una cuestión preliminar a todo tratamiento posible de la psicosis.

É porque a mãe exerce seu saber mas, principalmente, porque sustenta nele uma brecha na qual fica pendente do comparecimento do bebê suposto como sujeito, que as produções do bebê – suas vocalizações, sua gestualidade, sua manifestação psicomotora ampla, seus estados tônicos –, podem ser tomados como respostas, pelas quais ele fica implicado num diálogo. São nestas brechas sustentadas pela mãe, que a produção singular do bebê pode advir. E o exercício desta atribuição antecipada do sujeito do desejo é imprescindível para que o bebê possa vir a constituir-se enquanto tal.

Por isso, a clínica com bebês necessariamente implica na sustentação do exercício das funções materna e paterna. Ou seja, na possibilidade de que a mãe (como o agente que encarna esta função) possa vir a exercer seu saber inconsciente com o filho e também sustentar em relação a ele uma suposição de sujeito do desejo e, portanto, de alteridade.[45]

Desta forma, o trabalho implica, do lado do clínico, ocupar uma posição de escuta em que se dá lugar para que a fala dos pais em relação ao filho possa ser desdobrada, implicada, ressignificada, mas também, em alguns momentos, é preciso que o clínico possa emprestar significantes para sustentar um marco constituinte para o bebê. Em diversas situações, é crucial no tratamento, que o clínico implique sua palavra em relação ao bebê: supondo-o como sujeito, supondo-o como capaz de uma aquisição, oferecendo a cena na qual se coloca em ato uma antecipação funcional para que uma realização do bebê possa advir,[46] reconhecendo e nomeando a produção realizada pelo bebê, festejando a mesma para o bebê e perante o olhar dos pais, abrindo a brecha que diferencia o diagnóstico do fechamento de um destino funesto.

---

[45] A sustentação da alteridade da mãe com o bebê, marca desde o início do estabelecimento desse laço a incidência da função paterna. Tal função, além de sua encarnação em uma pessoa determinada, implica a incidência de uma terceira instância, de uma lei que regula a relação da mãe com o bebê.

[46] Acerca da antecipação funcional, ver: Julieta, J. (2002), obra citada.

Neste sentido, por momentos operamos, enquanto clínicos, "*o lugar de Outro para este bebê e, de algum modo, também produzimos marcas nele*" – que, logicamente, não produzem seus efeitos desde uma vacuidade do discurso, mas da possibilidade de emprestar significante. É preciso, no entanto, recordar que tais marcas "*seriam impossíveis sem a transferência dos pais em relação a nós*".[47] Trata-se, então, de um lugar que, não só ocupamos em alguns momentos do tratamento, mas do qual, definitivamente, é preciso que sejamos destituídos, para que o tratamento cumpra seu fim.

Outra questão importante a considerar é o lugar ocupado pelo laço pais-bebê, já que a noção de díade mãe-bebê, a relação pais-bebê e até mesmo o laço pais-bebê, muitas vezes se presta a uma confusão, acerca de quem seria o sujeito em questão na intervenção.

Na medida em que a questão central da clínica em estimulação precoce consiste na constituição do bebê, sua principal operação clínica reside na leitura do modo em que a tela simbólica parental está a produzir inscrições nele.[48]

Tal leitura tem como ponto de partida a produção do bebê no laço com o Outro encarnado – o modo que ele tem de responder ao Outro com o seu corpo e de, portanto, situar-se, por meio do olhar, da invocação e vocalização, do domínio psicomotor, da aquisição de hábitos da cultura, diante dos pais, de estranhos ou do clínico, coloca em cena as respostas que ele vem constituindo. Ainda será preciso, no entanto, considerar a partir de que coordenadas chega a produzir tal resposta, e que sentido é atribuído pelos familiares à sua produção.

---

[47] Coriat, H. Artigo citado, p. 49.

[48] Jerusalinsky, J. (2006). *A leitura como operação clínica na intervenção com bebês*. Trabalho apresentado no Congresso de Psicopatologia Fundamental. Belém do Pará (inédito); (2006). *Leitura de bebês*. Congresso da Abebe. São Paulo, (inédito).

É aí que seu sintoma emerge na condição de um enigma que, se bem seja produzido desde a sustentação simbólica parental, toma carne no bebê, estabelecendo as marcas fundantes de sua constituição e, portanto, dizendo-lhe respeito.[49]

A escuta dos pais é imprescindível, mas tal clínica situa a especificidade de seu marco além da escuta dos pais, na leitura e intervenção com as marcas que se precipitam, organizando um estilo no funcionamento pulsional do bebê e no modo como este vai comparecendo como sujeito.

Por isso, é preciso situar a diferença entre a estrutura psíquica de uma mulher que se torna mãe; o lugar que o bebê ocupa na rede significante materna; o modo que a mãe tem de colocar em ato seu discurso; e, ainda, o que dessa rede se precipita, produzindo inscrições no bebê, dando lugar a suas respostas singulares. Se bem que todos estes aspectos estejam profundamente interligados, a sua justaposição indiferenciada pode causar sérios problemas na condução do tratamento.

Há uma profunda diferença quando um sofrimento se produz para a mãe, para o pai ou para ambos, a partir do que para eles se configura como o bebê fantasmático, ou quando se configura um efetivo obstáculo na constituição psíquica e nas aquisições instrumentais do bebê. Enquanto no primeiro caso a direção do tratamento implica fundamentalmente uma escuta dos pais, no segundo caso é preciso que, além disso, o bebê seja tomado em tratamento, uma vez que o sofrimento, o *pathos*, precipitou-se em seu corpo.

A especificidade da clínica em estimulação precoce, sua leitura e intervenção se dá no enlaçamento entre a presença do real orgânico com suas afecções, as marcas simbólicas que tomam a carne e a instauração de uma imagem do corpo do bebê.

É neste enlaçamento que se produzem sintomas na constituição do bebê, tenha ele ou não afecções orgânicas de base –

[49] Jerusalinsky, J. (2002), p. 185-193.

tais como deficiências sensoriais, motoras, síndromes genéticas, quadros lesionais, entre outras –, pois uma afecção orgânica só é fonte de sofrimento para alguém, dependendo da representação que assuma e, portanto, o sofrimento, mesmo quando apoiado em uma lesão real, sempre depende de sua articulação aos registros imaginário e simbólico.[50]

Do mesmo modo, esta clínica nos mostra o quanto problemas funcionais e aqueles que se apresentam no esquema corporal do bebê, freqüentemente surgem como conseqüência de dificuldades na inscrição simbólica e no estabelecimento da imagem do corpo. Problemas funcionais – tais como refluxo, ecoprese, asma – e problemas no estabelecimento do esquema corporal – exploração pobre dos objetos do mundo a partir dos esquemas visual, tátil, auditivo, oral, e no domínio postural psicomotor – estão extremamente encadeados a dificuldades no processo de desmame, na introdução da alimentação semi-sólida, no estabelecimento da demanda de controle esfincteriano, entre tantas outras situações que fazem parte da ilusão de continuidade e dos cortes que precisam ser introduzidos para o bebê, pelo agente da função materna.

Para que o clínico que intervém com o bebê possa chegar a realizar esta leitura, inclusive perceber se a exploração de esquemas realizada por um bebê é rica ou empobrecida – denunciando na fineza de seu funcionamento corporal o padecimento de uma situação que não pôde ser simbolizada –, é preciso o embasamento de uma clínica que permita estabelecer a costura, alinhavar o tecido entre a rede simbólica que rodeia o bebê, a construção da imagem corporal, o estabelecimento do esquema e o modo de funcionamento das funções. Portanto, é preciso uma clínica da primeira infância que se ancore em uma formação e interlocução interdisciplinar.

---

[50] Jerusalinsky, Alfredo. (1988). *Psicanálise e desenvolvimento infantil*. Porto Alegre, Artes e Ofícios.

Por isso, resultaria um tanto insustentável propor o âmbito da clínica em estimulação precoce apenas para bebês que apresentem diagnósticos de afecções orgânicas de base, e deixar os demais sob a incumbência exclusiva do psicanalista. Isso seria contraditório com a própria fundamentação que a psicanálise nos oferece – ao situar o enlaçamento entre real, simbólico e imaginário na emergência dos sintomas – e cairia em um dualismo entre mente e corpo, bastante reducionista diante das questões colocadas pela clínica com bebês.

Certamente, quando um bebê apresenta uma patologia orgânica coloca-se a necessidade clínica de se conhecer as limitações reais impostas pelo quadro:

- A fim de não expô-lo a uma exigência impossível e possibilitar para ele e sua família, a diferenciação entre tais impossibilidades reais e uma posição psíquica de impotência imaginária, a partir da qual podem deixar de ser articuladas em relação ao bebê, demandas fundamentais para sua constituição;
- E, também, a fim de propiciar facilitações que favoreçam as produções do bebê, por meio de ofertas posturais, fonológicas, cognitivas etc., que resultem efetivas convocatórias e desafios para o bebê – verdadeiras antecipações imaginárias traduzidas em ofertas de antecipações funcionais –, uma vez que tais aquisições não se produzem pela simples eficácia simbólica do "levanta-te e anda".[51]

No entanto, esta clínica deixa evidente o quanto o real do corpo, por si só, não produz sintoma para o sujeito, ainda que

[51] Questão abordada no artigo: Jerusalinsky, J. (2000). O pé esquerdo do academicismo – sobre bebês, psicanálise e estimulação precoce. *Correio da APPOA*. Número temático: Psicanálise: outros lugares para uma escuta, setembro de 2000. Porto Alegre, Associação Psicanalítica de Porto Alegre.

possa situar certos limites para suas aquisições – daí que seja bastante reducionista intervir apenas com a eficácia funcional, sem estar atento a como o bebê se apropria imaginariamente de tais funções, em nome de um desejo. Este é o problema que se apresenta, quando se intervém com o bebê apenas desde os postulados fisioterapêuticos, fonológicos ou psicopedagógicos, por exemplo.

Ao mesmo tempo, para que o bebê possa estabelecer um domínio imaginário de seu corpo é preciso que ele possa exercer alguma eficácia no funcionamento de suas funções – motora, cognitiva, fonológica etc. Mas, ao se intervir apenas desde os postulados psicológicos ou psicanalíticos, o clínico carece das ferramentas que permitem realizar uma efetiva leitura acerca da eficácia do funcionamento das funções e do domínio do esquema corporal. Assim, o problema que se apresenta é que o clínico corre o risco de ficar cego e surdo ao padecimento que comparece no corpo do bebê, que se dá a ver, na fineza do estabelecimento do esquema corporal.

A complexidade dessa clínica coloca a necessidade de se intervir na articulação produzida entre a instauração do sujeito no bebê e a eficácia funcional que o bebê realiza das diferentes aquisições instrumentais, permitindo-lhe estabelecer um domínio imaginário de seu corpo. Ela também exige dos profissionais que provêm de diferentes formações de base, uma formação específica para intervir com bebês.

"Procurar utilizar a técnica que ele (Freud) *instituiu, fora da experiência à qual se aplica, é tão estúpido como colocar, diante do remo, os bofes para fora quando o barco ainda está na areia"*,[52] afirma Lacan, acerca do tratamento da psicose.

Consideramos que o mesmo alerta é válido ao tratar-se da especificidade do campo da clínica com bebês, em relação às diversas disciplinas. Pois, enquanto cada área do conhecimento estiver centrando os esforços em salvaguardar suas técnicas como

[52] Lacan, J. (1958). De una cuestión preliminar a todo tratamiento posible de la psicosis. *Escritos*. Buenos Aires, Siglo Veintiuno, p. 654.

portos seguros, em lugar de escutar as questões que a especificidade de tal campo clínico coloca, morrer-se-á na praia.

A clínica interdisciplinar com bebês, nesse sentido, inscreve a necessidade de que sejamos nós, os profissionais, quem nos coloquemos a navegar traçando as rotas que articulam os portos de cada disciplina na especificidade que a estimulação precoce, clínica da primeira infância, coloca. Enfim, navegar é preciso.

Referências Bibliográficas

Bergès. (1988). Função estruturante do prazer. *Escritos da Criança.* Porto Alegre, Centro Lydia Coriat, 3.

Coriat, E. (1995). *Psicanálise e clínica com bebês.* Porto Alegre, Artes e Ofícios.

Coriat H. (1993). E.T. hacedores de bebés. *Escritos de la Infancia.* Buenos Aires, FEPI- Centro Dra. Lydia Coriat de Buenos Aires, 1.

Coriat, L. e Jerusalinsky, A. (1975). *Estimulación Temprana.* Conferência pronunciada no III Congresso Iberoamericano de Neuropsiquiatria Infantil. São Paulo. Citado em: (1987). *Escritos da Criança.* (2ª. ed.). Porto Alegre, Centro Lydia Coriat de Porto Alegre, 1.

_________. (1983). Aspectos estruturais e instrumentais do desenvolvimento. *Escritos da Criança.* Porto Alegre, Centro Lydia Coriat, 4.

Jerusalinsky, A. (1998). Quantos terapeutas para cada criança? *Escritos da Criança.* Porto Alegre, Centro Lydia Coriat de Porto Alegre, 5.

_________. (1990). Multidisciplina, interdisciplina, transdisciplina. *Escritos da Criança.* Porto Alegre, Centro Lydia Coriat de Porto Alegre, 3.

Jerusalinsky, J. (1997). Bebês ou pequenos executivos? *Boletim do CEPAGIA.* Brasília, CEPAGIA, 2.

_________. (2000). O pé esquerdo do academicismo – sobre bebês, psicanálise e estimulação precoce. *Correio da APPOA.* Número temático:

Psicanálise: outros lugares para uma escuta, setembro de 2000. Porto Alegre, Associação Psicanalítica de Porto Alegre.

_________. (2002). *Enquanto o futuro não vem –psicanálise na clínica interdisciplinar com bebês*. Salvador, Ágalma.

Lacan, J. (1958). De una cuestión preliminar a todo tratamiento posible de la psicosis. *Escritos*. Buenos Aires, Siglo Veintiuno.

_________. (1969). Dos notas sobre el niño. *Intervenciones y Textos 2*. Buenos Aires, Manantial.

Lichtenstein, D. (1987). O trabalho com crianças na fronteira das palavras. *Escritos da Criança*. Porto Alegre, Centro Lydia Coriat de Porto Alegre, 1.

Milner, J.-C. (1995). *A obra clara*. Rio de Janeiro, Jorge Zahar Editora.

Molina, S. (1998). O bebê da estimulação precoce. *Escritos da Criança*. Porto Alegre, Centro Lydia Coriat de Porto Alegre, 5.

Morin, E. (1999). *A religação dos saberes*. Rio de Janeiro, Bertrand.

Vorcaro, A. (1999). *Crianças na psicanálise – clínica, instituição, laço social*. Rio de Janeiro, Companhia de Freud.

UNICEF. Diversos Autores. (1978). *Estimulación Temprana – importancia del ambiente para el desarrollo del niño*. (2ª. ed.). Santiago de Chile.

O lugar da diferença na Educação Infantil

Efeitos da inclusão escolar[53]

Daniela Teperman[54]

A inclusão escolar vem sendo tratada, debatida e discutida a partir de diversos ângulos e pontos de vista. As marcas resultantes do tratamento jurídico da questão não têm sido sem efeitos, ao estabelecerem que "todas as crianças são iguais perante a lei". Sob o lema: "Escola para todos", instalou-se, por um lado, o patrulhamento ideológico que busca evidências constantes e irrefutáveis que permitam afirmar, categoricamente, que determinada criança está incluída no contexto educacional; por outro, como um outro viés, instalou-se simultaneamente um discurso de impotência e falta de recursos estruturais e formativos e uma demanda pelo especialista detentor do saber, sobre como incluir uma criança com necessidades especiais, no contexto escolar.

Pretende-se, neste trabalho, discutir os efeitos que a inclusão de crianças com transtornos do desenvolvimento tem provocado nas crianças e nos educadores de uma instituição de

[53] Texto produzido a partir da palestra: "Inclusão Escolar – uma experiência na Educação Infantil" – realizada no CAPS I – Centro de Atenção Psicossocial Infantil em setembro de 2006.

[54] Psicanalista, mestre em Psicologia Escolar e do Desenvolvimento Humano pelo IPUSP. Coordenadora da Creche e Pré-Escola Central da USP.

educação infantil, e como estes efeitos refletem no modo como as diferenças passaram a ser tratadas na instituição. Neste processo foi possível verificar, por um lado, como algumas características da Educação Infantil são facilitadoras para a concretização da inclusão, e por outro, foi possível observar como muitas das questões suscitadas pela inclusão escolar parecem radicalizar aquelas que já fazem parte do cotidiano da instituição de educação Infantil.

Trata-se da Creche/Pré-Escola Central da USP, que atende aproximadamente 250 crianças de zero a seis anos de idade, filhos de alunos, funcionários ou docentes da Universidade de São Paulo. Esta creche (assim como as outras quatro que compõem a Divisão de Creches da Coseas) tem um diferencial que é contar com um psicanalista em seu quadro de funcionários. Desta forma, os educadores dispõem de um espaço de escuta, que visa promover a circulação de significantes e um olhar para cada criança e sua família dentro do espaço coletivo.

Algumas características da Educação Infantil têm se mostrado favoráveis ao acolhimento da diferença e, portanto, à experiência de inclusão de crianças com transtornos do desenvolvimento. A Educação Infantil tem como um eixo organizador, a integração entre cuidar e educar. Esta integração visa combater uma possível hierarquização destas funções, situando a tarefa educacional como mais importante e primordial, deixando os cuidados em segundo plano.

Historicamente, os cuidados eram atribuídos às instituições assistencialistas, que visavam substituir as pobres mães trabalhadoras, cuidando de suas crianças carentes. O educar era reservado às famílias ricas, o que, muitas vezes, resultava em uma escolarização precoce deste espaço voltado à criança.

Winnicott define a Educação Infantil como o "*principal esteio da vida da criança fora de casa*", um espaço que busca ampliar as experiências oferecidas para a criança, pela família: "*Uma escola maternal, ou jardim da infância, será possivelmente considerada, de um modo mais correto, uma ampliação da família 'para cima', em vez de uma extensão 'para baixo' da escola primária.*" (Winnicott, 1982, p. 214)

A tentativa de superar esse histórico e suas marcas vem sendo corroborada por uma política educacional que integra esses elementos, outrora polarizados e cindidos:

> *"Educar significa propiciar situações de cuidado, brincadeiras e aprendizagens de forma integrada e que possam contribuir para o desenvolvimento das capacidades infantis de relação interpessoal, de ser e estar com os outros em uma atitude básica de aceitação, respeito e confiança, e o acesso, pelas crianças, aos conhecimentos mais amplos da realidade social e cultural. O desenvolvimento depende tanto dos cuidados relacionais que envolvem a dimensão afetiva e dos cuidados com os aspectos biológicos do corpo, como a qualidade da alimentação e os cuidados com a saúde, quanto da forma como esses cuidados são oferecidos e das oportunidades de acesso a conhecimentos variados." (Brasil 1998)*

A escola representa a primeira passagem do universo familiar – espaço privado – para um contexto coletivo. O espaço público. Neste sentido, ao acolher cada criança, faz-se um movimento no qual cuidar e educar se atualizam em um olhar singularizado para esta nova criança – e sua família – com características específicas nesta passagem. Nas palavras de Arendt (2003): "*Na medida em que a criança não tem familiaridade com o mundo, deve-se introduzi-la aos poucos a ele; na medida em que ela é nova, deve-se cuidar para que essa coisa nova chegue à fruição em relação ao mundo como ele é.*" (p. 239)

A instituição que atende bebês e crianças muito pequenas caracteriza-se por uma flexibilidade diante do imprevisto que permeia a chegada de cada bebê. Esta condição é já favorecedora da inclusão, pois para que este processo possa ter êxito é preciso um olhar singularizado e intervenções que radicalizem as possibilidades de lidar com o imprevisto e com o improviso dentro do cotidiano institucional.

Desta forma, uma instituição que atende bebês possui características estruturais que muitas vezes coincidem com aquelas necessárias para o processo de inclusão. Além disso, a instituição de educação infantil tem, em seus quadros, um maior número de educadores, pois dispõe de uma proporção educador/criança maior que a vigente no ensino fundamental e, com isso, há mais possibilidades de oferecer cuidados singularizados dentro de um contexto coletivo. Ao definir-se como lugar de cuidados, a instituição dispõe de dispositivos que são ainda necessários para uma criança (mesmo que não correspondam aos esperados em sua idade cronológica): tempo reservado para os momentos de alimentação e higiene, trocadores, espaços físicos variados e estimulantes e, sobretudo, uma rotina flexível.

É ainda uma característica da Educação Infantil, proporcionar situações que favoreçam o brincar e o jogo simbólico, tornando este espaço mais qualificado para absorver as diferenças (de ritmos, de modos de se relacionar com o outro e com os espaços, de necessidades ou cuidados específicos etc.)

Se a inclusão favorece o tratamento da diferença no cotidiano escolar, há um paradoxo que é estabelecido a partir do momento em que este processo se configura como o cumprimento de uma lei.

> *"Dito de outro modo, o tratamento jurídico da questão agrega, sem se preocupar com a heterogeneidade do que agrega. Seu princípio é por definição homogeneizante. É evidente que se justifica que a questão da escolarização dessas crianças mereça um estatuto jurídico. Este é, na verdade, mais um dos discursos que conferem às pessoas seu estatuto e marcam o laço social. O problema passa a existir quando se estabelece em relação aos outros (científico, religioso, político etc.) uma posição de primazia."* (Voltolini, 2004, p. 94)

Ao determinar que a escola é para todos, a lei alinha, torna homogêneo. Paradoxalmente, à medida que a perspectiva construtivista vem se fazendo cada vez mais presente na Educação Infantil, a heterogeneidade passa a ser vista com bons olhos, uma vez que, nesta perspectiva, as crianças se beneficiam ao pertencer a um grupo no qual as diferenças propiciam o avanço e sofisticação das hipóteses sobre a escrita, por exemplo. Além disso, ao homogeneizar a diferença, o tratamento jurídico desta questão pode permitir a interpretação errônea de que todos devem ser igualmente tratados, negligenciando, com isso, necessidades específicas de uma criança.[55]

Arriscamo-nos desta forma, a definir a inclusão como o trânsito entre aquilo que a criança apresenta como possibilidade real de circulação e aquilo que se apresenta como um limite. Quando se pende para um ou outro lado é sempre muito complicado; há situações nas quais a impossibilidade se faz presente devido a um limite que a criança apresenta, ou, ainda, nesta equação homogeneizante, aquilo que precisaria ser contemplado, muitas vezes, não o é.

Diferentes diferenças

A Creche Central é uma creche grande; é dividida em módulos e esses têm uma certa independência entre si. Muitas vezes, quando todos os educadores estão reunidos, em momentos como a formação continuada, aparece a seguinte questão: "fulano é caso de inclusão ou não?"

E esta é uma questão que radicaliza uma outra, sempre presente no cotidiano institucional: O que deve ser transmitido à futura professora sobre determinada criança? Ao adverti-la

[55] Ver: Teperman, D.W. (2005). O direito à diferença na educação infantil. In: *Avisalá – Revista para a formação de professores de educação infantil e série iniciais do ensino fundamental*. São Paulo, outubro de 2005, 24.

sobre certas características, não se contribui para a manutenção da criança na mesma posição, eliminando a possibilidade dela experimentar uma posição diferente com a nova professora, ou inserida em um outro grupo de crianças?

> *"Ao falar das diferentes diferenças, o que surge é a idéia de que há uma norma, e o distanciamento gradual dessa norma definirá o grau de diferença que um sujeito assumirá em relação a ela. Quanto mais distante da norma, mais diferente. A igualdade seria então equiparada à norma, e as diferentes diferenças consistiriam em desvios maiores ou menores da norma da igualdade."* (Kupfer, 2005, p. 20)

A questão da diferença ou de "diferentes diferenças" fica evidenciada, quando os educadores se dão conta que, muitas vezes, dedicam mais tempo a discutir o comportamento e as possíveis intervenções com determinada criança, supostamente "normal", do que com os ditos "casos de inclusão"; e, mais ainda, quando, neste movimento, conseguem se dar conta de que o aprisionamento de determinada criança neste lugar – de "normal-diferente" – muitas vezes se atualiza com um olhar estereotipado dos educadores, que não apostam mais em intervenções que visem a uma mudança de posição da criança.

Um modo freqüente de referir-se às crianças portadoras de necessidades especiais, costuma ser: "temos X casos de inclusão". O que isso revela? É preciso agrupá-las desta forma? Não seria este um modo de diferenciá-las, homogeneizando suas diferenças?

Se pensarmos o espaço da Educação Infantil como uma primeira transição para o espaço público, mas também como um novo lugar, onde é possível relacionar-se com outros Outros, quanto estas antecipações (diferentemente da antecipação subjetiva, necessária e fundamental para o advento do sujeito) podem desempenhar o papel de profecias autocumpridas, encerrando a possibilidade de cada criança experimentar-se "diferente", diante da passagem do universo familiar para o espaço público?

> *"A escola maternal tem funções importantes e óbvias. Uma delas é o fornecimento, durante algumas horas diárias, de uma atmosfera emocional que não é a tão densamente carregada do lar. Isso propicia à criança uma pausa para o desenvolvimento pessoal. Também novas relações triangulares menos intensamente carregadas do que as familiares podem ser formadas e expressas entre as próprias crianças. A escola, que é um apoio, mas não uma alternativa para o lar da criança, pode fornecer oportunidade para uma profunda relação pessoal com outras pessoas que não os pais."* (Winnicott, 1982, p. 217)

Há informações que precisam ser antecipadas, informações objetivas, relativas à saúde, à cuidados específicos etc., mas também relativas à história de cada criança e sua família na instituição. Quando se trata de uma criança com uma deficiência física, por exemplo, há um saber-fazer acumulado na instituição, que pode e deve ser transmitido: o modo de alimentar a criança, como segurá-la, transportá-la, posicioná-la etc.; conhecimento advindo de orientações específicas – de um especialista – e da experiência acumulada no contato diário com a criança.

Diagnóstico precoce

Um outro diferencial da Educação Infantil é que, muitas vezes, a "inclusão" de uma criança se dá de modo inesperado. Dificilmente é anunciada a chegada de uma criança com algum transtorno ou deficiência. Como se trata do primeiro espaço freqüentado pela pequena criança – ou bebê – além da família, e como, tradicionalmente, os pediatras não recebem formação para detectar os primeiros sinais de risco para a construção da subjetividade, muitas vezes, uma criança chega à pré-escola ou berçário com importantes dificuldades no seu desenvolvimento, sem que nenhum especialista tenha ainda realizado um diagnóstico ou encaminhamento para tratamento. Com isso, muitas vezes, a detecção precoce – nem sempre tão precoce quanto desejaríamos – dos transtornos do desenvolvimento apresentados por uma criança ocorre no contexto da Educação Infantil.

Uma importante vantagem de ter educadores bem formados na creche e de oferecer formação continuada é a possibilidade de realizar um diagnóstico precoce. A partir disso, é possível detectar que um bebê não vai bem e pensar quais encaminhamentos são necessários (para fora da instituição) e quais as ações (dentro da instituição) podem ser tomadas. Então, trata-se de "casos surpresa" e, nesta condição, não existe a possibilidade de antecipar qual grupo ou educador seria mais adequado para receber a criança.

Contudo, é inegável a importância da implicação do professor no processo de inclusão. A experiência na Creche Central tem mostrado como é decisiva, não apenas a implicação do educador nestes casos, mas a possibilidade de um espaço de reflexão sobre os efeitos da presença destas crianças no grupo de crianças, nos pais e, finalmente, mas não menos determinante, nos próprios educadores. É impossível passar ao largo dessa experiência que é estar diante de uma criança que radicaliza todo o saber e ação do educador, levando-o a refletir sobre que tipo de material utilizar, o que funciona, o que não funciona, como é conduzir as atividades com um grupo de crianças quando uma delas fica batendo na janela, circulando, mexendo em tudo etc.

Nesse sentido, a creche, mais que um espaço inclusivo, constitui-se como um espaço primordial para a detecção precoce de riscos para o desenvolvimento da criança; adquire assim, seu caráter preventivo. E, para a criança que apresenta entraves em sua constituição subjetiva, a possibilidade de freqüentar uma creche ou pré-escola pode ser decisiva na retomada do desenvolvimento.[56]

Radicalização das questões cotidianas

Apresentamos, a seguir, dois recortes de situações envolvendo crianças "de inclusão" e remontando a situações que experimentamos no cotidiano da educação infantil, que exigem sempre um olhar cuidadoso e intervenções específicas.

Lucas, três anos, tem síndrome de Down. Um dia, sua mãe telefona à creche, dizendo que o pai estava muito bravo, porque achava que seu filho estava sendo tratado de forma diferente, porque tem síndrome de Down. É o pai quem traz Lucas à creche. Aos poucos, na conversa com a mãe, percebemos que o que deflagrou o mal-estar no pai é o fato de Lucas ainda usar fraldas e o procedimento com as crianças que usam fraldas na creche é solicitar que os pais as verifiquem na chegada e façam a troca, se necessário, antes de levá-las para o pátio e despedir-se. Um procedimento aparentemente muito simples, do ponto de vista do funcionamento diário da creche.

Contudo, ao "relembrar" algumas vezes o pai do procedimento, a educadora não se deu conta do efeito que este fato vinha produzindo nesta família. E o pai, um dia, ficou muito bravo e disse que iria tirar o filho da creche, "*porque ele tem síndrome de Down e vocês estão cobrando da gente*". O que se armou do lado de lá – da família – não era condizente com o que se esperava do lado de cá – a escola. Não temos controle do que pode se apresentar como um "mal-encontro" com a

[56] Teperman, D.W. (2006). Creche, psicanálise e prevenção. In: Melgaço, R.G. (org.). *A ética na atenção ao bebê: psicanálise - saúde – educação*. São Paulo, Casa do Psicólogo Editora.

fantasmática familiar, mas é possível fazer algumas leituras e pensar em intervenções que permitam um novo posicionamento da família e da escola.

Ao discutir a situação com os educadores, apontei: Lucas é o único no grupo que ainda usa fraldas e o único com síndrome de Down. Quer dizer, para o pai, estes aspectos pareciam estar colados, enquanto do ponto de vista da creche, tratava-se de um procedimento corriqueiro que era solicitado à família.

Esse pequeno fragmento mostra a sutileza das situações que são vividas dentro da instituição, envolvendo pais, crianças e educadores. Foi possível fazer a leitura, para as educadoras responsáveis pela criança, de que isso estava se tornando um movimento de resistência em relação à família e tomando uma dimensão exagerada na relação com o pai. Porque é possível abrir mão de um procedimento, na medida em que ele não tem os efeitos esperados e mais ainda, quando tem efeitos na direção contrária ao esperado. Neste caso, manter esta demanda para o pai, o remetia à fantasia de que ele tem que fazer algo a mais, porque tem um filho que porta uma diferença. Vale frisar que, para as educadoras, esta questão não estava colocada; havia sim, algo que poderíamos nomear como uma "rigidez procedimental", mas não se tratava de uma intolerância à diferença.

Outro exemplo de radicalização de questões que experimentamos no cotidiano da creche ocorreu em relação à mordida. Os profissionais que se dedicam à Educação Infantil sabem que esse é um tema recorrente, principalmente na faixa etária de zero a três anos. De tempos em tempos aparecem episódios envolvendo mordidas e estas provocam um verdadeiro rebuliço na escola. As situações mais inusitadas surgem em decorrência das mordidas, pais tornam-se enfurecidos, o ambiente torna-se tenso, são necessárias reuniões, discussões, ações para contornar o problema. Contudo, conforme as crianças crescem e a linguagem torna-se mais sofisticada, as mordidas tendem a desaparecer.

Gustavo, quando tinha por volta de quatro anos, começou a morder as crianças. Ele era mais alto, mais forte e suas mordidas eram muito profundas. Mordidas que não eram mais esperadas naquele grupo de crianças e que não se diluíam com algumas intervenções. Gustavo estava na creche desde bebê e apresentava um quadro de Transtorno Global do Desenvolvimento.

Formulamos, então, a seguinte questão: esta criança está na creche, tem o direito de estar aqui; no entanto, é preciso preservá-la, porque se ela continuar mordendo as outras crianças, irá gerar um mal-estar entre as crianças e entre os pais, e Gustavo ficará muito exposto, remetido ao lugar de agressor.

As crianças começaram a ter verdadeiro horror deste menino. Alguns pais procuraram a coordenação. Vimo-nos diante de uma situação extremamente delicada, porque se tratava de uma mordida "fora de época" e envolvendo uma criança que tinha uma condição diferente das outras – o que era percebido e nomeado pelas crianças e pelos outros pais.

Procuramos criar intervenções para diminuir as mordidas e preservar Gustavo diante das outras crianças, diante das outras famílias. E isso implicava em um olhar atento e em um educador sempre muito próximo a ele, o que parecia justificar-se em um momento de crise como este. Tratava-se de acionar recursos para proteger todas as crianças: essa e as outras; e de discutir isso com os pais.

A possibilidade de reunir o grupo de educadores e de se pôr a pensar sobre determinada situação nunca é sem efeitos; abre-se espaço para a circulação de significantes, para possíveis deslocamentos. Voltando à situação descrita acima, a tensão dos educadores naquele momento era terrível, a impotência e a culpa também, porque se tratava de acompanhar a movimentação da criança em uma situação de tensão permanente. A possibilidade de falar da impotência, das dificuldades, nomear a angústia que essa situação vinha provocando é uma medida que permitiu direcionar nossos manejos, porque não há um caminho previamente estabelecido. Trata-se de um exercício enorme de criatividade.

Nestes dois pequenos recortes não estamos abordando exclusivamente a inclusão e suas vicissitudes, mas questões cotidianas, e a maior parte das questões que se apresentam relacionadas ao processo de inclusão são, realmente, uma radicalização das nossas questões cotidianas.

Essas situações institucionais têm efeito em todas as instâncias que compõem a instituição. Muitas vezes, é preciso escutar os funcionários da limpeza, que participam destas cenas e podem não entender ou compartilhar da intervenção do educador, mas se vêem mobilizados pela angústia que essas situações provocam. O cotidiano institucional é permeado por um dinamismo e envolve tantas pessoas, nas mais variadas posições (mas sempre remetidas ao lugar de educadores), que quando transborda, transborda também para todas elas. E, então, é preciso escutar cada instância e recuperar qual é nosso entendimento de uma manifestação como a mordida, quais intervenções são possíveis, quais são mais interessantes para cada criança envolvida etc.

Diferenças diferentes

A instituição de Educação Infantil, primeiro representante, para a família e para a criança, do espaço público, pode e deve se oferecer como espaço no qual a criança pode experimentar relacionar-se com outros Outros, no qual pode se colocar num outro lugar, diferente do que a mãe devolve para a criança, e esta possibilidade é favorecedora da construção da subjetividade. Esta possibilidade comparece com maior força para as crianças que apresentam questões na construção da subjetividade.

As crianças que apresentam transtornos em seu desenvolvimento ou em sua constituição psíquica são crianças que, de alguma forma, radicalizam nosso saber. São crianças que revolucionam o saber que os educadores têm, que pedem intervenções específicas, que os fazem refletir sobre novas atuações, que exigem um novo olhar. Isso requer uma flexibilidade, da qual todas as outras crianças se beneficiam, porque é a partir daí que a singularidade pode ser revista. Este novo paradigma que define a Educação Infantil como espaço que integra 'cuidar e educar' só se concretiza, quando se concebe o cuidar singularizado dentro do espaço coletivo, e o "singularizado" pode ir diminuindo conforme a criança cresce e vai se estruturando como sujeito, construindo sua identidade no espaço coletivo pois, nas palavras de Dolto (1999): "*o que é dramático, para uma criança, é estar no meio de outras crianças sem saber mais quem ela é.*" (p. 45)

Quando o debate acerca da inclusão se polariza entre os que são a favor ou contra, quando este debate reacende a discussão em torno da diferença, a psicanálise pode se constituir como um bom elemento, ao funcionar como um terceiro. Não se trata de se posicionar a favor ou contra, mas de indagar, perguntar, investigar as possibilidades da criança, da família e da escola. E há uma pergunta que deve estar sempre presente e que deve ser formulada de tempos em tempos, embora pareça ferir o discurso politicamente correto que envolve a inclusão escolar, e que ativa o patrulhamento ideológico que decorre desta posição. A pergunta é: esta criança está verdadeiramente se beneficiando de estar na escola? Porque, em um rápido sobrevôo sobre a literatura a partir das experiências de inclusão, é possível identificar a discussão acerca do que representa, para algumas crianças, freqüentar diariamente um espaço coletivo, com demandas de crianças e adultos às quais, muitas vezes, a criança não pode fazer frente e que podem se tornar insuportáveis, exigindo um acompanhamento minucioso e uma avaliação constante.

A pergunta parece se constituir no intervalo entre dois extremos aos quais somos remetidos, quando se trata do tema da inclusão: a impotência e a idealização. A impotência se traduz em questões como: Realmente a gente está fazendo algo pela criança? Vale a pena estar aqui? Quanto ela participa? Ela precisa de um atendimento mais especial? Dispomos do conhecimento específico necessário para atender esta criança? E esta é outra vertente que a inclusão atualiza, sempre a pergunta pela formação, ou pelo saber específico que seria necessário: é mesmo necessária a presença de um saber específico dentro da escola? Que saber é este necessário para dar conta da inclusão?

E a idealização pode ser redimensionalizada a partir da discussão sobre que indicadores permitem afirmar que determinada criança está incluída na escola.

Entre a impotência e a idealização podemos encontrar o patrulhamento ideológico. Então: "ah, mas fulano é incluído ou não? Porque, em tal momento, o grupo está lá e ele está aqui". "Não, esta criança tem que estar o tempo todo na sala, junto com os outros". Afinal, o que é incluir? O que traduz que, verdadeiramente, uma criança faz parte de um grupo e faz parte de uma rotina escolar ou institucional? E o que é fazer parte de um grupo?

Voltando à pergunta, na medida em que nos dispomos a formulá-la, a refazer esta pergunta periodicamente, abandonamos a equação homogeneizante de "todos são iguais perante a lei", abrindo a possibilidade de lidar com os limites e ganhos que a criança pode ter na instituição.

A psicanálise, posicionando-se como um terceiro diante do discurso maciço da inclusão, pode lançar-se na discussão sobre os limites da instituição no acolhimento à criança. Sim, toda criança tem direito à escola, em nome da lei. Mas, e para o sujeito? Não há uma formulação para o sujeito. É preciso preservar a possibilidade de escutá-lo, para que ele não seja achatado na legalidade. O mesmo não serve para todos; uma escola não pode atender todas as questões de todas as crianças. E este é um limite a ser encarado na dimensão da discussão, e também do ato.

No trânsito entre a impotência e a idealização, entre aquilo que a criança apresenta como possibilidade real de circulação e aquilo que se apresenta como um limite, entre o que a escola oferece e os efeitos do encontro desta oferta com a fantasmática familiar, e entre o singular e o coletivo; é aqui que reside a possibilidade de contemplar diferentes diferenças.

Referências Bibliográficas

Arendt, H. (2003). A crise na educação. In: *Entre o passado e o futuro*. São Paulo, Editora Perspectiva.

Brasil. Ministério da Educação e do Desporto. Secretaria de Educação Fundamental. Referencial Curricular Nacional para a Educação Infantil. Brasília: MEC/SEF, 1998.

Dolto, F. (1999). *As etapas decisivas da infância*. São Paulo, Martins Fontes.

Kupfer, M.C. (2005). Inclusão social: a igualdade e a diferença vistas pela psicanálise. In: Colli, F.G. e Kupfer, M.C. (org.). *Travessias: inclusão escolar – a experiência do grupo ponte – pré-escola terapêutica lugar de vida*. São Paulo, Casa do Psicólogo Editora.

Voltolini, R. (2004). Psicanálise e inclusão escolar: direito ou sintoma? In: *Estilos da clínica – revista sobre a infância com problemas*, ano IX, 16, 1º. semestre de 2004.

Winnicott, D.W. (1982). *A criança e seu mundo*. Rio de Janeiro, LTC – Livros Técnicos e Científicos Ltda.

A Escuta do Sujeito e a Família

Mira Wajntal[57]

Uma das principais particularidades do atendimento a crianças é a maneira que este atendimento é demandado: sempre haverá, primeiro, um adulto falando por ela. Um adulto, a quem o sintoma ou manifestação da criança fez sentido ou é reconhecido como fonte de sofrimento.[58]

Este atendimento pode implicar em várias constelações. Em geral, logo entra em cena a família. Por vezes, outras instituições também farão parte desta cena como escolas e equipes de saúde.

Desta forma, em uma grande maioria das vezes, atender uma criança implica em escutar mais que um sujeito.[59]

---

[57] Mira Wajntal é especialista em psicologia clínica, psicanalista. Mestre em psicologia clínica (Núcleo de psicanálise) pela PUC-SP. Autora do livro *Uma clínica para a construção do corpo*. (Via Lettera, SP, 2004). Professora e supervisora clínica do curso de formação em psicanálise de crianças, do Centro de Estudos Psicanalíticos. Membro do Departamento de Psicanálise do Instituto Sedes Sapientiae.

[58] Aula ministrada no Instituto Sedes Sapientiae, a convite do Departamento de psicossomática, em abril de 2005.

[59] Esta afirmação "escutar mais que um sujeito", sem dúvida, abre um leque de discussões que pode gerar, pelo menos, mais um ou dois textos. De qualquer forma, o que quero explicitar aqui é a necessidade de se implicar no atendimento de crianças e, conseqüentemente, no sintoma queixa, um adulto que se responsabilize por esta criança. Para tanto, é preciso um trabalho prévio de entrevistas iniciais com os responsáveis pela criança, para discernir de quem é o

Esta situação será mais gritante tanto quanto a criança não puder falar por si. Quanto menos fala, mais falam, pedem, supõem e demandam por ela. É preciso, então, entender estas falas e demandas e explicitá-las para a criança. O manejo destas outras falas em torno da criança estará diretamente ligado a uma concepção, ou melhor, ao diagnóstico que o clínico fará da situação. Será necessário fazer um "mapeamento" e entendimento da queixa e sintoma apresentados. Para tanto, trago aqui uma concepção de como se dá a construção do aparelho psíquico.

Uma pessoa vem ao mundo sem um sistema de marcas que rege seu funcionamento. Não nascemos com um sistema instintivo que garanta nossa sobrevivência, como os demais animais. Aqueles que já tiveram a oportunidade de assistir ao nascimento de um animal doméstico, observaram como um mamífero procura as mamas da mãe assim que nasce, pouco dependendo do progenitor para o sucesso desta busca. Ao contrário, o recém-nascido tem uma condição de extrema dependência de um outro, que perdurará por alguns anos. Seu aparelho psíquico não tem marcas que possibilitem sua sobrevivência sem um outro que esteja atento às suas necessidades.

Ou seja, não temos, inicialmente, um sistema herdado que defina todos os nossos padrões de comportamento ou reja plenamente como devemos nos portar. Em geral, estas inscrições são adquiridas a partir da nossa experiência, somadas à tradução de sentido e mediação das sensações corporais, exercidas pelo outro, aquele que nos cria e faz a função materna.

---

pedido de ajuda e quem é o cliente de fato. Uma vez definido que a criança é o nosso cliente, todas as intervenções são sustentadas a partir deste compromisso. Outra questão que se abre frente a esta terminologia diz respeito à compreensão do sujeito como sujeito do inconsciente. Terminologia esta desenvolvida por Lacan em sua obra. Neste caso, não há mais de um sujeito do inconsciente, para cada inconsciente, a ser escutado em uma análise. Mas, devido à condição de dependência da criança, pode-se fazer necessária uma escuta conjunta pais-crianças ou paralela dos pais.

Freud (1895) denominará como "o próximo" este ser semelhante que está atento às necessidades do bebê. Será a partir dos seus cuidados, que a experiência se transformará em desejos e demandas de amor, inscritas e regidas pelo princípio de prazer e realidade, orientando a maneira a qual o sujeito pode fruir de seu corpo, procurar um objeto; enfim, elas produzem um ser pulsional, portanto, histórico.

O caminho que a pulsão realiza para atingir sua finalidade, assim como seu objeto, dependerá da história de cada sujeito. Diferindo das demais espécies, será isto, justamente, que nos torna seres temporais e capazes de nos portarmos de forma única e pessoal na busca objetal, constituindo, paralelamente, uma trama psíquica sobre nossa vivência.

Apresento, então, um esquema extremamente simplificado das principais estruturas nas quais poderemos diagnosticar a criança para nos guiar no manejo de seu tratamento e escuta da sua família. Assim, frente à relação com o outro, poderemos encontrar o autismo, a psicose, a neurose e as perversões.

Tomemos o que Freud (1914) escreve sobre a coroação do adorado "bebê sua majestade", e a apresentação de Lacan (1949) sobre a relação especular entre a criança e sua mãe no espelho.

Ao chegar na família, a criança é coroada por ideais e projetos enlaçados na história familiar. Para que haja este coroamento, a criança tem que estar em um lugar dentro do campo destes ideais.

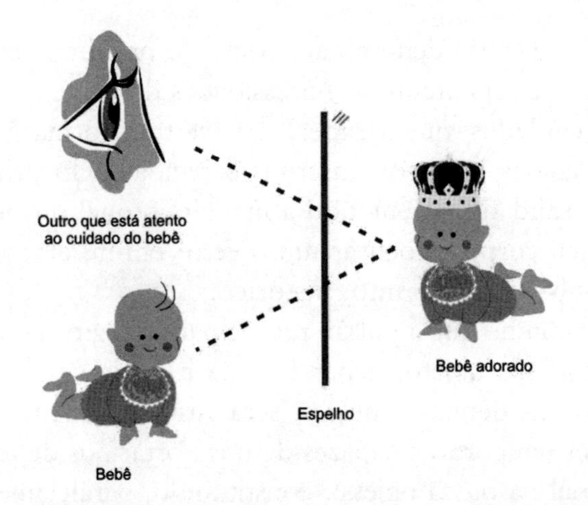

Este processo passa por etapas: em primeiro lugar, a criança precisa ser tomada como objeto do desejo daquele que exerce a função de maternagem. Nesta etapa, há uma espécie de simbiose, na qual a criança está alienada no desejo do outro. Ela deve corresponder, de certa forma, à demanda deste outro, ao lugar que é colocada ou não, como objeto de desejo daquele que exerceu sua maternagem.

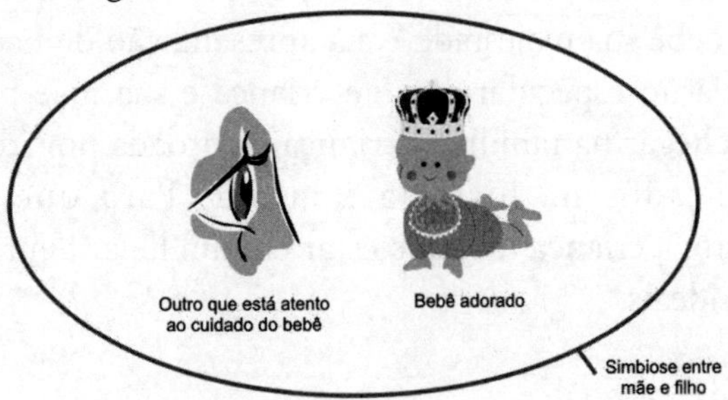

Em um segundo momento, deve haver uma operação, em geral introduzida por um terceiro personagem, que costumamos chamar de função paterna. Este terceiro tem por função realizar uma operação de inscrição para o bebê: "não poderás nem ser ou ter o objeto da mamãe" ou "tu não podes ser o objeto da mamãe e nem mamãe tem tu por seu objeto". Estas afirmações, ou melhor, afirmações negativas, abrem campo para um novo lugar para o sujeito.

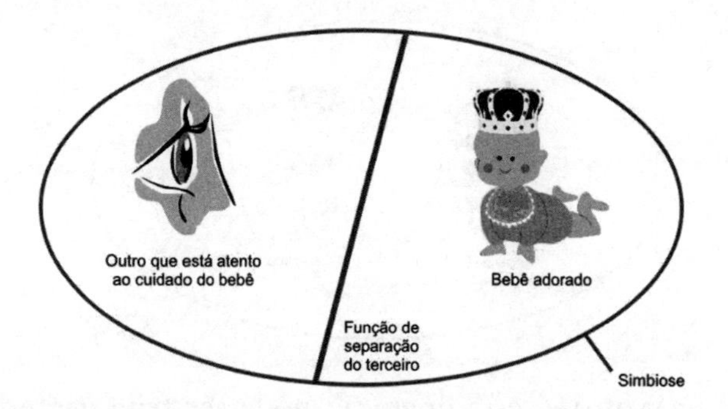

Portanto, nas três estruturas podemos pensar nas seguintes situações:[60]

No autismo, a criança e sua mãe não chegam a formar um par simbiótico. A criança está fora desta relação, parece não poder ocupar o lugar idealizado para ela.

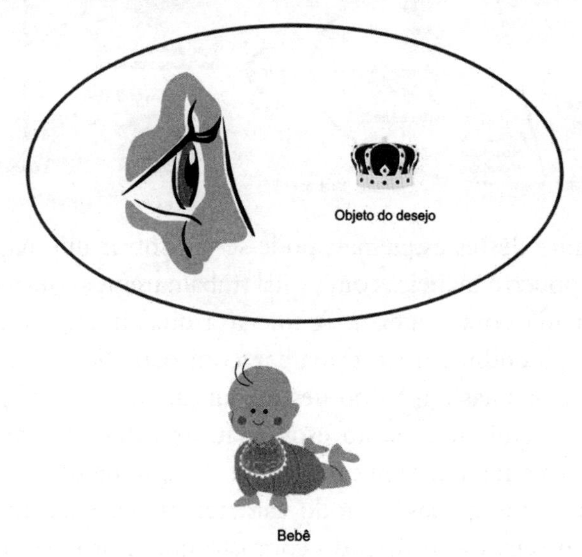

Na psicose, temos uma simbiose que não pode ser interditada pela função do terceiro.

[60] Este esquema foi apresentado por Marie-Christine Laznik, em um Seminário Clínico no Instituto Sedes Sapientiae, em meados dos anos de 1990.

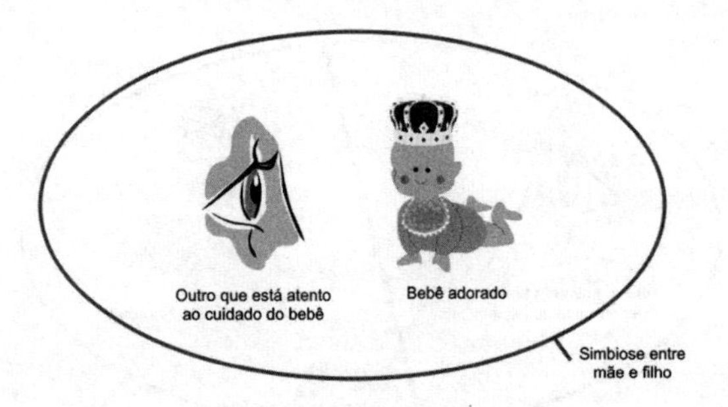

E, na neurose, esta operação pode ser feita gerando uma separação entre mãe e criança. A criança pode reconhecer uma imagem ideal de si, perdida e almejada (Eu ideal), que será perseguida pelo resto de sua vida (ideal de eu).

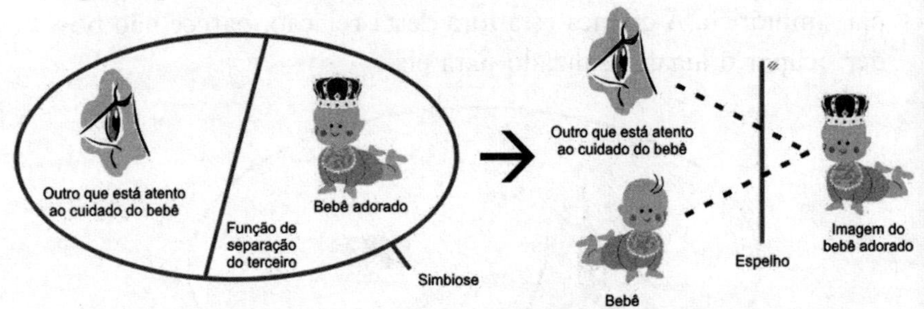

Diante destes esquemas, pode-se encontrar um mapa para guiar um pouco a maneira com a qual trabalharemos com a criança que é trazida como queixa. A forma a qual iremos situar sua família no atendimento e trabalhar com o pedido de ajuda, a demanda e as falas em torno desta criança.

Cabe lembrar que, ao esquematizar estas situações, não estou preocupada em explicar a causa de uma patologia. O que quero ilustrar é apenas o modo característico de seu funcionamento. Ou seja, estou dizendo com isto que, por exemplo, **não se pode dizer que a causa do autismo seja a mãe, mas que, na estrutura autista, se encontra este modo de funcionamento com o outro**. E a intervenção, nestes casos, será justamente de propiciar este encontro, digamos, pulsional, do sujeito com aquele que exerce a função materna.

Não há um modo ou regra para o atendimento infantil e familiar, mas há manejos que, ao meu ver, promovem operações que, em muito, o facilitam. Freqüentemente, trabalho com as crianças e suas famílias na mesma consulta, principalmente, quando se está diante de um autismo ou psicose infantil, que prefiro chamar de **Patologias Precoces do Contato com o outro**.

A razão de escolher trabalhar a criança e a família se deve a concepção de que nestas patologias precoces do contato afetivo[61] com o outro devemos também cuidar dos pais. Jerusalinsky (2004, pg. 62) afirma que nestes casos "o inconsciente que se trata é o inconsciente parental. Então se trata do fantasma dos pais que faz sintoma literal no filho". Concordando com o autor, a criança não é portadora deste fantasma, mas sim do sintoma deste fantasma.

Esta afirmação de Jerusalinsky refere-se às psicoses infantis, mas creio que também seja útil para pensar todo e qualquer atendimento infantil. Ela situa adequadamente a concepção de atendimento sujeito e família, do qual eu falo; ou seja, quando falamos que o sintoma da criança é uma resposta aos pais, estamos falando, justamente, de seus fantasmas.

Ao contrário do que muitos entendem, não se trata de reivindicar dos pais, concretamente, a figura de causadores deste sintoma, mas, sim, cuidar de toda uma constelação que tem como uma das resultantes, o sintoma mote da queixa. Desta forma, o analista que escuta crianças e suas famílias não pode perder de vista que todos os envolvidos sofrem. Seu trabalho será, justamente, o de configurar um nome para este sofrimento, com a finalidade de que todos possam dele se separar.

---

[61] Recentemente, em encontro com o Dr. Wagner Rannã e Dr. Marcos Mercadante, no Fórum Municipal de Saúde Mental da Infância e Juventude, PMSP SMS, em 2 de fevereiro de 2007, debateu-se a precisão do conceito de contato afetivo, que utilizo com freqüência. O primeiro questionou se o mais adequado não seria falar em patologia do contato com o outro, e o segundo defendeu que estamos diante de uma patologia das relações sociais. Creio que estas colocações são pertinentes, de fato, a concepção de afeto abre uma ambigüidade conceitual, principalmente quando confrontada com sua utilização pela psiquiatria no exame psíquico.

É claro que, nas diferentes estruturas psíquicas, a forma de aparição do sintoma ou manifestação infantil se dará em diferentes registros; daí a importância de se mapear os lugares. Insisto, não com o intuito de apontá-los como as causas de uma psicopatologia, mas pela necessidade de se nomear lugares para que, em relação a eles, os sujeitos possam se diferenciar.

No sintoma, temos a expressão simbólica do conflito, portanto estamos no plano das representações. Seu sentido, em geral, está disponível para o sujeito, enquanto que, na manifestação, a expressão é sempre concreta e literal. São fenômenos que resultam da impossibilidade das excitações serem ligadas e representadas, fazendo com que seu sentido se construa primeiro para o analista que escuta, requerendo um trabalho de construção para que o indivíduo possa delas se apoderar. (Wajntal, 2004, p. 31).

Penso, por exemplo, em uma entrevista com uma mãe. Recentemente, ela e o marido foram presos. Sobre o sumiço repentino dos pais, inicialmente, falaram para seu filho de quatro anos que haviam sofrido um acidente, depois, que o carro quebrou e, por fim, sob orientação de uma colega, que os pais estavam de castigo. Imaginem como esta criança precisou destruir tudo a sua volta, até que seu pedido de ajuda fosse atendido, e encontrasse um lugar que lhe explicasse que a causa da separação repentina de seus pais era devido a um castigo. Ou seja, uma pena que eles deveriam cumprir.

O castigo da mãe, por sorte, terminou bem antes que o do pai; ele continua recluso. Nesta entrevista, a mãe me conta que fora visitar o pai. Ele está em outra cidade. Para isto, ela saiu escondida do filho; de repente, de novo, ela dá uma "sumidinha", de um dia. Quando ela volta, o filho está doente. Na entrevista, ela inicia sua fala reclamando do grude do filho com ela, pelo fato de estar doente. Isto a está impedindo de estudar para um concurso, que seria uma boa solução para sua vida. É feita, nesta sessão, exatamente a montagem que acabo de contar.

Não estamos dizendo, com isto, que a viagem da mãe resulte em uma laringite do filho; não é desta realidade que falamos. Mas, no registro do fantasma, a doença tem um belo lugar como apelo, como uma comunicação de algo que não está expresso. Neste caso, penso que estamos diante de uma estrutura, cuja representação parece estar disponível para aqueles que falam.

Trago aqui, também, uma outra família em suas entrevistas iniciais. Trata-se de um menino de nove anos que não suporta a diferenciação. Talvez, o melhor seria dizer que ele não suporta mesmo é a diferença. Esta angústia o destroça e, por conseguinte, ele destroça tudo à sua volta. Por sorte, ele tem um certo trânsito no simbólico, não muito bem garantido, mas seus ataques começam verbais e crescem para a ação. Qual é a ação? É especificamente contra a mãe e alguns de seus substitutos transferenciais – eu, por exemplo. Ou contra ele próprio, como uma ameaça para o outro. Mata-se para atingir o outro, para saber sobre o seu desejo, põe tudo a perder. Considero-o uma criança sob risco de suicídio.

Uma das suas principais queixas é o fato de não suportar produzir qualquer coisa na escola. Esta criança dorme horas e horas para não ter que se deparar com sua produção e um possível olhar de aprovação ou reprovação sobre ela, ou seja, na dúvida de ter ou ser um dom,[62] para não ter que se deparar com a falta introduzida pela castração, ele evita encontrar as marcas que o faz diferente e único no mundo. Isto implica que capturar um certo olhar de júbilo ou não do outro é uma questão de vida ou morte.

---

[62] Como vimos no esquema acima, para que o aparelho psíquico possa se constituir, a criança passa por uma condição de submissão ao desejo da pessoa que irá exercer a maternagem. Chamamos este momento de alienação no desejo do outro. Em seguida, deverá se processar uma separação entre a criança e a mãe. Para tanto, é como se a função paterna, através da representação, inscrevesse o seguinte dilema para o sujeito: tu não és o objeto; tu não tens o objeto. Em geral, este dilema acaba sendo recalcado e a dúvida de ter o dom ou ser o dom do desejo do outro será operador e mote de todas as buscas do sujeito por sua vida.

Para melhor ilustrar este dilema vivido pelo menino, comparo-o com as fantasias de flagelação que Freud ilustra em "Bate-se em uma criança" (1914). A partir da observação de clientes que, com freqüência, falavam com grande prazer sobre a cena de uma criança estar sendo espancada, Freud constatou que o curso desta fantasia passa por um desenvolvimento típico. Inicialmente, seu conteúdo é uma criança espancada por um adulto. A próxima idéia associada será: ele me ama, já que bate no outro, e não em mim. Depois disto, o que ocorre é que há uma inversão de posições nesta fantasia: ele me bate. Só quer a mim, já que me bate. Momento este de grande fruição de prazer, que se transformará em não me ama, já que me bate. Esta última, em geral, é mote para o recalcamento. Por fim, na idade adulta, resta apenas a indeterminação: bate-se em uma criança.

Podemos observar, nesta criança, que este tempo da fantasia não passa, efetivamente, pelo recalque, já que todo e qualquer ato parece pôr em questão o fato de ser ou não ser desejado. Sua expressão não é representada simbolicamente e ele vive concretamente este seu dilema. O sentido de suas manifestações só se dá para aquele que o escuta, seu analista. Neste caso, creio que estamos no campo da psicose. As razões do recalque não operar neste garoto são enigmas a serem buscados no fantasma familiar. Esta é minha bússola.

Casos como este produzem grande angústia no analista, pois parecem que anos serão necessários para circunscrever tudo isto. Ademais, já sei que, transferencialmente, está dada uma impossibilidade de acerto. Pois é o que, justamente, diz a criança: "Eu não faço nada certo. Sou ruim. Você não gosta de mim. Eu te odeio, sua bruxa." Inevitavelmente, a mensagem produzida pelo caso, na transferência é: você não pode acertar, não acerte comigo. Se acertar, prova que o errado sou eu. O porque disto é outro enigma.

Pois bem! Aqui estão algumas queixas de sintoma em crianças que ilustram uma maneira de receber e circunscrever o caso.

Gostaria de apresentar um outro caso que foi além das primeiras entrevistas para ilustrar como, através do manejo criança e família, poderemos separá-las das demandas que, por vezes, parecem estar coladas na criança e, com a escuta analítica, irão se destacando e se configurando como representações simbólicas.

Raul não conseguia se adaptar socialmente, principalmente na escola. Recusava-se a fazer as tarefas propostas pela professora, embora fosse bem nas provas. Muito facilmente ficava nervoso e estourava. Nestas ocasiões, ele batia indiscriminadamente nas pessoas, inclusive em outras crianças bem menores. Não era raro necessitar que vários adultos o segurassem, muitas vezes sem sucesso.

No primeiro encontro com ele e sua mãe, ela estava extremamente constrangida, esquivava-se de responder algumas perguntas sobre a constelação familiar de Raul. Ele também ficava ansioso, não suportando ficar na sala. Diante disto, podemos supor que há um grande segredo familiar. Combino um encontro só com a mãe.

De fato, há um segredo: Raul nem sequer conhece o pai. Este se separou da mãe, antes de seu nascimento; só o visitou uma vez, quando era ainda bebê. Ele não queria o segundo filho. Eles têm um outro filho, um pouco mais velho. Chegou a agredir a mãe por sua nova gestação, ela quase abortou. Há, em outras ações deste pai, motes de vergonha: roubou a família e tenho a forte impressão de que ele também mantinha outras relações extraconjugais, homossexuais.

É difícil contar com a mãe durante o tratamento. Ela só se dispõe a falar dos sintomas do filho. Associá-los a qualquer coisa da história familiar é quase impossível.

Raul, por sua vez, demonstra muito interesse em ser escutado, mas há um problema técnico: um garoto de oito anos, raramente chega falando "tudo que lhe vem à cabeça" e não pode assumir o ônus da queixa sozinho. Principalmente porque, neste caso, o que lhe vem à cabeça é explosivo, arrasador.

Esta é uma situação muito freqüente na minha clínica. Em geral, as crianças também não gostam de brincar com o material que dispomos na caixa de brinquedos. Para contornar tal dificuldade, criei uma espécie de oficina de sucata; o objetivo é "construir tudo que vem à cabeça",[63] e, nisto, elas são ótimas. Uma das primeiras construções de Raul foi um periscópio, ou seja, – **ver sem ser visto.** O que ele precisava ver?

Ele também apresenta alguns distúrbios fonoaudiátricos. Às vezes, é quase impossível compreender sua fala; isto o deixa muito irritado. Fala de seu nervosismo mas, por vezes, parece tirar um pouco de proveito desta situação, conseguindo concessões. Atribui tudo ao seu nervosismo, dizendo ter algo importante para contar, mas esqueceu o que era, o que o deixou nervoso.

Em um encontro, Raul estava muito bravo, pois todos riem dele. Conta de uma festa em que a mãe queria que ele ficasse sentado na cadeira, enquanto os outros brincavam. Por que? A razão é que há uma expectativa tão grande de que ele possa explodir, que ele é tratado como uma bomba, perigosa e delicada. Ele diz: "*sou uma dinamite*". Pergunto se só a expectativa dos outros de que ele vá explodir é o suficiente para deixá-lo nervoso. "*É isso sim*", ele afirma e solicita que eu diga tudo isto para a mãe dele.

Chamo a mãe e inicia-se um longo trabalho de como "é ser uma dinamite", sobre este olhar de expectativa de que ele venha a detonar a qualquer instante. Raul se depara com o próprio desejo: não quer mais manter sua fama de dinamite. Decide se controlar, também fazer as lições e entrar nas regras como qualquer outra criança. Como é dotado de uma inteligência ímpar, se dá muito bem na escola.

Este trabalho com a mãe é intenso, mas, quando se dá um grande passo, em seguida se cai em um imenso vazio. Parece que ninguém tem mais nada a dizer no mundo. Ele volta a solicitar que os atendimentos sejam individuais.

---

[63] A regra fundamental declinada no *setting* analítico é "fale tudo que vem à cabeça". Neste caso, é feita uma adaptação.

Ao invés de propor, desta vez, me pergunta o que poderemos fazer. Depois de tanto vazio, é duro vir qualquer coisa à cabeça; após, obviamente, dizer a regra fundamental, esperar etc. Ele insiste que eu diga o que fazer; proponho construir a sua história. Ele ri muito, ao que pergunto: "*Como um bebê Raul se transformou em uma dinamite?*". Ri mais ainda e diz: "*Minha história não pode ser escrita, pois será uma história muito mal contada.*" "*Mal contada?*", pergunto. "*É. Não dá para contar.*" "*Assim como não dá para contar nada sobre seu pai?*", pergunto. "*É isso aí*", responde.

"*Como ele se chama?*", pergunto.

"*Esqueci*", responde.

"*Esqueceu?!*", pergunto enfática.

"*Não vou poder saber.*"

"*Não?*"

"*Ele morreu quando eu era pequeno.*"

"*Morreu? É mesmo?*"

"*Não. Foi embora antes de eu nascer.*"

"*Você acha que ele morreu?*"

"*Não. Minha mãe não quer que eu fale dele.*"

"*Não pode falar?*"

"*Agora não vou saber o nome dele*", fala bem frustrado. Como o nome do pai já havia sido pronunciado em entrevistas conjuntas, eu o pronuncio, embora tenha dúvidas se era este mesmo o nome, já que não se pode falar e eu o ouvira há mais de um ano, apenas uma vez.

"*Acho que é esse o nome, é esse sim.*"

"*Precisamos perguntar*", retruco.

Então, Raul passa a falar muito de seu avô materno, que ele também não conheceu. Ele faleceu antes do casamento de sua mãe. Ele era um homem muito forte, construiu parte de sua casa. Depois, volta a falar do pai. Percebo, também, que ele vive uma forte expectativa de, eventualmente, encontrar este homem cada vez que vai a um lugar novo. Foi o que ele disse sobre uma viagem recente que fizera: "*Seria impossível encontrá-lo lá, pois é praia e praia tem criança. Como ele não gosta de crianças, deve morar em outra cidade... Esta não pode ser nem uma fazenda ou praia, pois são lugares que as crianças gostam de ir.*"

Volta a falar do avô, de como era forte. E diz:

"*A gente vive da herança do meu avô. Meu pai não deixou herança.*"

"*Seu pai não está morto, mas não deixou nenhum tipo de herança, de história da família, ou deixou?*"

"*O que ele poderia ter deixado?*", me pergunta.

Interrompo nosso encontro. Na saída, já com a mãe, ele me diz: "*Muito boa esta, vou pensar. Já sei! Eu sou a herança que meu pai deixou!*". Imaginem a cara da mãe...

No próximo encontro, ele declara que a história do pai é um quebra-cabeça sem fim. Começa a dizer que acha que não precisa mais de medicação; pergunta se ele pode diminuir... Sua fala vem melhorando significativamente, após o trabalho da imagem dinamite, principalmente pelo fato de não estar tão acelerado, a mil, como era.

Alguns encontros depois, a mãe pede para entrar. Quer falar de horários, mas pergunto sobre o sobrenome de Raul, pois também havia uma confusão em torno deste. Informa que o pai do pai de Raul também o abandonou. "*Nossa, a mesma história!*", exclamo. O último nome do pai foi trocado pelo sobrenome de um pai adotivo. O pai abandonou, então, a mãe trocou o seu sobrenome. Vejam só!

Ao sublinhar toda coincidência, aparece toda a depressão materna. Raul também fica muito angustiado. Diante disto, passo a propor algumas entrevistas só com a mãe, o que Raul aprova de imediato. Se ele aprova de imediato é porque, de alguma forma, sabe que seu sintoma está ligado ao que a mãe não suporta.

Este trecho do caso ilustra muita bem a proporção e a maneira como o fantasma parental faz sintoma no filho. Fenomenologicamente, esta criança, com tranqüilidade, poderia receber o diagnóstico de psicose. Ele era desagregado e desconexo. Apesar de uma motricidade muito boa, era totalmente desengonçado; corria o tempo todo, se batia nos objetos, era realmente muito difícil. O trabalho analítico pôs isto em questão, visto que Raul apresentou grande capacidade de elaborar e representar sua história. Há, ainda, um longo trabalho pela frente, mas acho indescritível a sua mudança neste ano e meio de trabalho. A escola também acha. Agora, está se tornando uma espécie de queridinho lá; quando iniciei o trabalho com ele, estava na eminência de ser expulso.

Creio que demos um importante passo para a separação deste sujeito de um fantasma parental que o massacrava. As entrevistas com a mãe trouxeram dados ainda mais surpreendentes... Mas, como disse, é um longo caminho.

Espero que, com estes trechos de casos clínicos, eu tenha conseguido ilustrar a vocês o manejo e o lugar da família no atendimento de crianças. Cabe, ainda, lembrar que este mesmo manejo é válido para o atendimento de adultos e adolescentes, principalmente quando a gravidade da patologia os coloque na posição de que um outro venha demandar uma escuta analítica pelo sujeito.

Referências Bibliográficas

Freud, S. (1995). *Projeto de uma Psicologia*. Tradução e comentários de Gabbi Jr., O.F. Rio de Janeiro, Imago. (Original publicado em 1895).

_____. (1981). Consejos al medico em el tratamiento psicoanalitico. In: *Obra Completas de Freud*. (4ª. ed.). Madri, Editora Biblioteca Nueva. (Original publicado em 1912).

_____. (1981). La iniciação Del tratamento. In: *Obras Completas de*

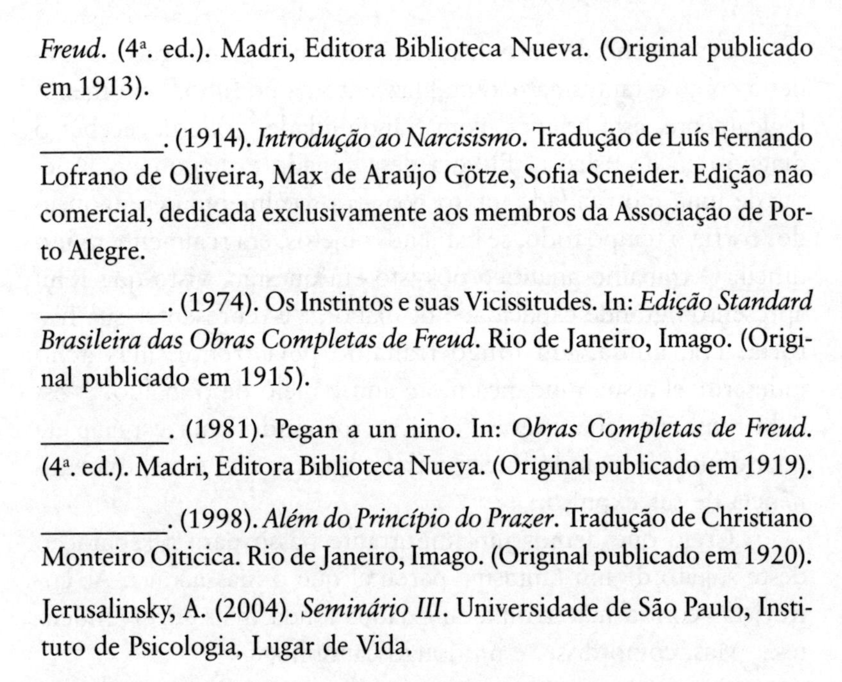

Freud. (4ª. ed.). Madri, Editora Biblioteca Nueva. (Original publicado em 1913).

_________. (1914). *Introdução ao Narcisismo*. Tradução de Luís Fernando Lofrano de Oliveira, Max de Araújo Götze, Sofia Scneider. Edição não comercial, dedicada exclusivamente aos membros da Associação de Porto Alegre.

_________. (1974). Os Instintos e suas Vicissitudes. In: *Edição Standard Brasileira das Obras Completas de Freud*. Rio de Janeiro, Imago. (Original publicado em 1915).

_________. (1981). Pegan a un nino. In: *Obras Completas de Freud*. (4ª. ed.). Madri, Editora Biblioteca Nueva. (Original publicado em 1919).

_________. (1998). *Além do Princípio do Prazer*. Tradução de Christiano Monteiro Oiticica. Rio de Janeiro, Imago. (Original publicado em 1920).

Jerusalinsky, A. (2004). *Seminário III*. Universidade de São Paulo, Instituto de Psicologia, Lugar de Vida.

Lacan, J. (1989). El Estádio del Espejo como formador de la funcion del yo [je] tal como se nos revela en la experencia psicoanalitica. In: *Escritos 1*. Espanha, Siglo Ed. (Original publicado em 1949).

Laznik, M.C. (2004). *A Voz da Sereia: o autismo e os impasses na construção do sujeito*. Bahia, Ágalma.

Wajntal, M. (2004). *Uma Clínica para a Construção do Corpo*. São Paulo, Via Lettera.

"Não preciso vir mais aqui!"

Os finais de análise com crianças e seus fundamentos

Carmen Savorani Molloy[64]
Grace Lagnado[65]
Lia Fernandes[66]
Maria Cristina Oliveira[67]
Marli Ciriaco Vianna[68]

Quando recebemos uma criança e seus pais, escutamos uma demanda que justifica o início de uma análise; mas, haveria um momento de concluir, passível de teorização? Além da intuição do analista ou da vontade dos pais ou da criança de

---

[64] Carmen Molloy é psicóloga pela Universidade Nacional de Córdoba, na Argentina. Psicanalista. Exerce a prática clínica e a transmissão e ensino de psicanálise em seu consultório particular.

[65] Grace Lagnado é psicóloga e psicanalista. Mestre em psicologia clínica pela Université Catholique de Louvain-la Neuve, na Bélgica, com especialização em psicanálise, pelo Instituto Sedes Sapientiae. É professora e supervisora clínica do curso de formação em psicanálise de crianças, do Centro de Estudos Psicanalíticos.

[66] Lia Fernandes é psicóloga pela Universidade de São Paulo, psicanalista, com especialização em psicologia clínica pela Universidade de São Paulo. Mestre em teoria psicanalítica pela Universidade Federal do Rio de Janeiro(UFRJ) e autora de *O Olhar do engano: autismo e Outro Primordial*, publicado pela editora Escuta.

[67] Maria Cristina Barbosa de Oliveira é psicóloga e psicanalista, formada pela Universidade Estadual de Londrina, no Paraná. Realiza prática clínica em consultório particular e acompanhamento terapêutico em instituições de ensino.

[68] Marli Ciriaco Vianna é psicóloga e psicanalista. Membro do Departamento de Psicanálise do Instituto Sedes Sapientiae. Professora do curso de psicopatologia psicanalítica e clínica contemporânea do Instituto Sedes Sapientiae.

interromper os encontros, sobre que parâmetros conceituais se dá o fim de uma análise?

Há alguns anos, nosso grupo compartilha o interesse na compreensão da teoria e da prática clínica com crianças. A partir de encontros ricos em questionamentos e motivados pela transferência de trabalho em torno dos obstáculos dessa clínica, resolvemos dar testemunho do fruto de nossas discussões. Já no título procuramos mostrar que não se trata de um final de análise, mas de vários – conforme a especificidade e variabilidade da clínica – que estão, necessariamente, articulados com os fundamentos teóricos. Além disso, uma análise é interminável, tanto do ponto de vista estrutural, já que o inconsciente é inesgotável, quanto pelo fato de que, em algum outro momento, a criança pode demandá-la novamente, devido às contingências da vida.

A análise, como tratamento em si, tem um começo, um meio e um fim, mas esse fim só indica que a criança pára de ir às sessões – ora por sua vontade, ora porque seus pais não se sentem mais angustiados com seu filho, ora porque o analista reconhece seu bem-estar. É importante salientar que não tratamos aqui das interrupções motivadas pelas resistências que surgem quando a análise se aproxima do sofrimento, mas de seu término ou desenlace. No entanto, o que decide esses desenlaces?

Nada sabemos sobre quanto tempo uma análise vai durar, pois nada sabemos sobre aquela criança que vem nos consultar. No entanto, sabemos que o momento de concluir não ocorre num tempo cronológico, mas num tempo *lógico*. Lógico, porque se trata do tempo da estrutura do inconsciente e não daquele medido pelo relógio. É o momento em que a criança consegue deslocar-se do lugar que ocupava na economia psíquica dos pais, sem precisar produzir sintomas que lhe causem sofrimento excessivo. É através do que diz, desenha ou encena que pode processar o que está lhe acontecendo. Ela se cura de seu sintoma saindo da posição de objeto que provocava sua angústia. A finalidade da análise com crianças não visa atingir um ponto final, mas, sim, o tratamento do sofrimento ali envolvido em um determinado tempo da infância.

Cada conclusão de análise é tão particular e única que, pensar em um padrão de finalização torna-se tarefa impossível. Não se pode generalizar sobre tal tema porque, além de a clínica freudiana fundamentar-se na singularidade do sujeito do inconsciente, a concepção de fim de análise está associada às diversas escolas psicanalíticas dentro de contextos teóricos específicos. A dificuldade reside, portanto, em estabelecer modalidades práticas genéricas de intervenção na clínica do caso a caso. Por ser um assunto que suscita controvérsias entre diferentes escolas, delineamos, aqui, alguns pontos que consideramos essenciais ao tratamento.

Tal como com os adultos, a psicanálise com crianças funda sua *práxis* sobre os conceitos de inconsciente, pulsão, repetição e transferência,[69] que são operadores fundamentais para instrumentar o campo da clínica que, nesse caso, longe de ser uma especialidade destacada, é uma clínica que comporta algumas especificidades principais.

Os sintomas nas crianças

Uma criança pode ser trazida para análise, quando padece das mais diversas formas de alterações das funções corporais, de comportamento ou de expressão simbólica que, por excesso ou falta, produzem um incômodo. Comer demais ou recusar-se a comer; dificuldades para dormir, sono excessivo ou interrompido por terrores noturnos; dificuldade de conter ou regrar as funções excrementícias (enurese ou encoprese); problemas para ir à escola;

[69] Sobre esse tema específico, remetemos o leitor ao texto de C. S. Molloy, "Notas sobre o diagnóstico e tratamento das crianças", em *Psicanálise: introdução à práxis*, organizado por Clara Regina Rappaport e publicado pela EPU, São Paulo, em 1992.

medo excessivo ou crises de angústia; confusões na sexuação; problemas na fala (troca de letras, timidez extrema ao falar com os outros); crise de agitação etc. Esses são apenas alguns exemplos do que chamamos de sintomas e que, diferentemente da acepção comum e própria ao discurso médico, a psicanálise não relaciona àquilo que foge à normalidade e não se propõe a reconduzir a criança a um caminho previamente concebido como certo, através de uma ação terapêutica educadora.

Para a psicanálise freudiana, o sintoma é uma revelação, uma mensagem cifrada que diz respeito ao desejo relativo à criança, dentro da estrutura familiar que a cerca e a constitui. Desejo que, por algum motivo, se encontra impedido e só pode tramitar de forma sintomática. Ao invés de intervir com uma ação ortopédica de remissão daquilo que manca, o analista busca ouvir, no discurso dos pais e da criança, o que o sintoma expressa como linguagem. Não se trata de uma doença, mas do que Freud chamou de "formação de compromisso", ou seja, de uma produção inconsciente, fruto de duas forças conflitantes: por um lado, o desejo e, por outro, a censura.

Em seus primeiros escritos, Freud se referia à censura como uma força de pressão, que retira da consciência uma representação que se choca com preceitos morais ou narcísicos altamente prezados pelo eu.[70] A partir de Lacan, podemos pensar no sintoma como formação de compromisso entre desejo e gozo, este último concebido como uma satisfação libidinal sem limites e impossível.[71] O gozo está relacionado não apenas ao

[70] Freud, S. (1969). As neuropsicoses de defesa. *Edição Standart das Obras Completas de Sigmund Freud*. Rio de Janeiro, Imago, v. 3.

[71] Gozo é um conceito que J. Lacan trabalhou ao longo de sua obra, abordando-o de diversas formas. Para esclarecimento ao leitor, escolhemos uma definição do termo que convém mais ao nosso texto. O fragmento citado encontra-se em: Evans, D. *Diccionário Introdutorio de psicoanálisis lacaniano*. (1ª. ed.). Buenos Aires, Paidos, p. 103. "*(...) Só em 1960 Lacan desenvolveu sua oposição clássica entre o gozo e o prazer, uma oposição que alude à distinção hegeliana/kojeviana entre Genuss (gozo) e Lust (prazer) - ref. Kojève, 1947. O princípio do prazer*

desejo, mas também à pulsão. Inscreve-se no psiquismo, como a busca de um objeto que suturaria, imaginariamente, a falta inerente ao sujeito humano –, condenando-o à repetição. Queixas como "*não poder parar de* comer", "*não poder parar de* não comer"; "*não poder parar de* dormir", "*não poder parar de* não dormir"; de "chorar", de "não chorar"; de "brigar com o irmão", de "não brigar com o irmão", são exemplos disso. É o '*não poder parar de*' que orienta a escuta do analista, na direção de transformar a impotência repetitiva em reconhecimento da impossibilidade da completude narcísica, e essa transformação só se faz pela via das palavras, ao se introduzir uma simbolização na repetição, que dê lugar ao advento de um sujeito responsável por seus atos.

"Eu posso fazer o que você quiser, você escolhe..." ou "O que quer que eu desenhe?", diz um garoto de seis anos à analista. Extremamente ligado à mãe, ele desenha um sol, uma lua, estrelas e escreve seu nome e o da analista, cercados de corações. Em seguida, dá um título: "paraíso", denunciando o que imagina de um mundo, onde os únicos habitantes fossem ele e a mãe. Nesse caso, o amor como paixão narcísica faz obstáculo ao desejo do qual ele abre mão para se fazer amado. Porém, o que será que *ele* quer fazer e desenhar? Desconhecendo seu próprio desejo, a criança se situa, em relação à analista, no mesmo lugar ilusório que ocupa para sua mãe.

---

funciona como um limite ao gozo. É uma lei que ordena ao sujeito 'gozar o menos possível'. Ao mesmo tempo, o sujeito procura constantemente transgredir as proibições impostas ao seu gozo, e ir 'além do princípio do prazer'. Apesar disso, o resultado da transgressão ao princípio do prazer não é mais prazer e sim dor, visto que o sujeito só pode suportar uma certa quantidade de prazer. Além desse limite, o prazer se converte em dor, e esse 'prazer doloroso' é o que Lacan denomina gozo: 'o gozo é sofrimento'." (*Seminário VII*). O termo "gozo" expressa então perfeitamente a satisfação paradoxal que o sujeito obtém de seu sintoma ou, em outras palavras, o sofrimento que deriva de sua própria satisfação ('o benefício primário da doença', nos termos de Freud).

É precisamente o lugar da criança, tomada como objeto de desejo do Outro, que o analista procura escutar.[72] Encontramos uma primeira sistematização conceitual desse tema, na nota manuscrita que Lacan enviou em outubro de 1969 à sra. Jenny Aubry, que a publicou pela primeira vez em 1983.[73] Nesse momento, assinala três lugares possíveis para a criança:

1) como sintoma: posição em que responde ao que há de sintomático no casal parental (neurose);
2) como falo da mãe: posição objetal que diz respeito à subjetividade materna, em que a criança está identificada a um valor fálico que a mantém amarrada à falta da mãe. Essa posição subjetiva também diz respeito à neurose. Caso se torne *instrumento* de gozo, pode resultar em perversão;
3) como objeto condensador de gozo no fantasma materno (psicose): aqui, ela revela a natureza prevalente desse objeto que conserva sua realidade de coisa, resto fecal, sangue, pedaço de carne etc. Nessa posição, o objeto não é fálico, pois não entrou nas substituições operadas pelas equivalências simbólicas.[74]

---

[72] O conceito de Outro (Lacan) não se refere a uma pessoa, mas a um lugar - a uma "localidade psíquica" (Freud) - organizado em forma de rede, onde se encontram os traços e as marcas que determinam a posição do sujeito a respeito de seu ser sexuado e de seu estatuto. (Sou criança ou adulto? Sou filho ou pai? Estou vivo ou morto?). Já o conceito de outro refere-se ao semelhante, ao próximo, àquele que está diante de nós. Nos primórdios da vida, o Outro é encarnado no outro, na mãe (ou naquele que cuida) que veicula seu desejo através desses traços aos quais a criança procura se identificar para se fazer amada, supondo que assim ela seria tudo o que faltaria a seus pais.

[73] Lacan, J. (1988). Dos notas sobre el niño. In: *Intervenciones y textos*. Argentina, Manantial, 2, p. 55.

[74] Para ilustrar diferentes posições subjetivas que uma criança pode ocupar no fantasma materno e o cuidado necessário nas intervenções, citamos a forma como duas crianças interpretam a mesma série de objetos do consultório de sua analista. Enfileiradas sobre o parapeito de uma janela, dispõem-se três bonecas

Quanto ao autismo, muitos psicanalistas têm se dedicado a seu estudo há mais de trinta anos. Não há unanimidade, mesmo entre os analistas de linhagem freudiana e lacaniana, quanto a situar autismo e psicose em estruturas diferentes, e o assunto continua em discussão. Mas, ainda quando se pensa numa subdivisão dentro da mesma estrutura, a maioria dos analistas reconhece diferenças importantes no campo da identificação. Seguindo esses autores, não poderíamos pensar – como na psicose – em identificação da criança ao objeto condensador de gozo no fantasma materno. No autismo, faltaria o investimento libidinal da criança como objeto, necessário à constituição de um lugar subjetivo. Enquanto na psicose a criança permanece identificada a uma imagem fixa, no autismo, embora haja marcas presentes, ela fica detida na sua constituição, refém de um sem-sentido, na falta do testemunho de um Outro que decodifique as expressões como mensagens dignas de significação.[75]

---

de cerâmica, representando claramente personagens femininas. Uma maior e mais robusta, que está grávida. Ao lado dela, a segunda, um pouco menor. E a terceira, menor ainda e mais parecida com uma menina. Um garoto de sete anos olha a cena e diz, se referindo à menina: "Ela é filha das duas?" Perguntado sobre como fazia tal suposição, ele explica que a boneca menor é filha das duas maiores, porque ela inclusive está na barriga de uma delas. A lógica da suposição é que duas mulheres podem ter uma filha e que a filha pode estar em dois lugares ao mesmo tempo. Frente ao mesmo cenário, um outro garoto, de cinco anos, reage diferentemente. É a boneca maior que chama sua atenção, e ele pergunta a sua analista: "Ela está grávida? Onde está o marido dela?", mostrando o que entende acerca das diferenças sexuais, assim como da concepção de um filho.

[75] Enquanto na psicose haveria um traço inscrito que não opera como uma diferença, convertendo-se numa certeza aprisionante, no autismo haveria marcas esparsas que, entretanto, não chegam a sustentar uma identificação que opere como matriz de um futuro sujeito. Dessa diferença metapsicológica, Alfredo Jerusalinsky deriva conseqüências clínicas: "*enquanto para o psicótico cada palavra carrega seu próprio e definitivo sentido, para o autista cada palavra carrega seu próprio apagamento*." Entre os que reconhecem diferenças importantes entre autismo e psicose, embora cada um formule à sua maneira essas questões, podemos citar também Marie-Christine Laznik, Colette Soler, Rosine e Robert Lefort.

Encontramos ainda uma fenomenologia própria dos tempos da infância articulada em "Inibições, Sintomas e Angústia".[76] São os fenômenos ditos psicossomáticos, que se encontram em diferentes estruturas, nos quais o corpo está no centro da cena. Aparecem nos transtornos de funções, tais como: dores de barriga (diarréia, constipação), dores de cabeça, vômitos, febres, bronquite asmática, dermatites, irrupções cutâneas.

Entendemos como fenômeno aquilo que é dado a ver, que se mostra, mas nem tudo o que a criança apresenta é sintoma. Segundo Freud, só é considerado sintoma o que é egodistônico, aquilo que perturba ou manca. Portanto, as inibições, os excessos, as angústias só são considerados sintomas pelos pais, médicos ou educadores, quando causam mal-estar, mas isso não significa que seja o mesmo incômodo que afeta a criança. Em alguns casos, a queixa dos pais não coincide com o sofrimento da criança.

A presença dos pais

A análise com crianças é fortemente marcada pela especificidade da presença dos pais. São eles que costumeiramente chegam ao psicanalista trazendo-a pela mão, quando alguma coisa não vai bem. Da perspectiva de quem tem os olhos postos no futuro do filho, algo passou a molestar a criança, a família ou a escola, no que concerne à realização do ideal que ela deve sustentar para se fazer amada.

A participação concreta dos pais na cena analítica redobra o trabalho do analista, além de afastá-lo da situação clássica, em que as análises de adultos costumam ocorrer. Nestas, a presença dos pais é virtual, já situada em algum passado mais ou menos longínquo que, por ter deixado marcas significantes, permite que o trabalho de análise venha a ocorrer.

---

[76] Freud, S. Inibições, Sintomas e Angústia. *ESB*, v. 20, p. 91.

Articularemos o tema da presença dos pais em três eixos: na constituição do sujeito, na organização das estruturas clínicas e na formação dos sintomas.

a) A presença dos pais na constituição do sujeito

A imbricação entre pais e filhos vai muito além da realidade de sua presença. Pela condição de dependência geral em que o bebê vem ao mundo, cabe ao desejo dos pais um lugar fundamental, tanto na constituição como na sustentação de sua vida concreta e simbólica. Diferentemente dos humanos, muitos animais, ao nascer, já erguem a cabeça, ficam em pé, levantam-se e vão instintivamente mamar. Já o filhote humano nasce numa prematuridade neuromotora que o condena, segundo Freud, a um estado de total desamparo. Não tem como satisfazer suas necessidades mais básicas e, tampouco, como saber ou dizer delas. Por isso, o desamparo não é somente neurológico; é fundamentalmente de linguagem.

Quem cuida é chamado por Lacan de Outro primordial referindo-se não apenas ao outro do semelhante, mas ao Outro como presença real que, por meio de suas demandas, veicula a linguagem, atribuindo sentidos às ações da criança. Assim, ela é introduzida na ordem da cultura e do universo propriamente simbólico. Essa função é estruturante e normalmente exercida pelos pais. As atribuições de sentido que transitam em seu discurso respondem pela humanização do bebê e são peças-chave na constituição de muitas de suas funções – desde as pretensamente naturais ou automáticas, como erguer-se, olhar, comer e andar, até as mais simbólicas, como brincar, falar e raciocinar. O ser humano está muito mais suspenso ao campo do desejo do que se costuma pensar. É dependente de outros que darão sentidos ao que manifesta, através de seus gritos, risos, choros, expressões e gestos. Ao responder a essas manifestações, quem cuida do bebê responde, decodificando-as:

"Está com fome", "está com sono", "quer brincar", "quer a mamãe", "como gosta de olhar!... é curioso!..."; "já está mexendo os pezinhos, vai ser bailarina!", ou "que esperteza!... já sabe o que quer" etc.

Contudo, isso só pode se dar porque, além de os pais terem um papel determinante na subjetividade do filho, também ele, ao se constituir em "Sua Majestade, o bebê",[77] os restitui narcisicamente. É o lugar privilegiado que o filho ocupa na série de objetos de valor fálico dos pais que permitirá todo tipo de alienação de seus desejos na criança e poderá condicionar alguns de seus sintomas. Mas ela não entra passivamente nesse lugar. Chega com traços próprios, que vão contribuir para sua subjetivação: para o modo de organização da rede de significantes[78] na qual será tomada, faz diferença que ela tenha a cor dos olhos do pai e os cabelos encaracolados da mãe, que seja uma criança que chora muito ou que passe grande parte do tempo sorridente, que seja o filho primogênito como o pai ou o caçula como o tio, que seja a quinta filha numa linhagem de mulheres ou o menino esperado há três gerações, por exemplo.

A constituição subjetiva da criança, portanto, resultará do encontro de traços que lhe são próprios com o campo significante da subjetividade dos pais. Cabe a ela "escolher" suas marcas identificatórias no vasto repertório que lhe é oferecido, uma vez que depende de sua singularidade o sentido que ela dá àquilo que recebe.[79]

---

[77] Freud, S. Sobre o Narcisismo: uma introdução. *ESB*, v. 14, p. 98.

[78] O significante é uma unidade mínima de valor psíquico que apresenta duas propriedades principais. Sozinho, não significa nada (exemplo: ser a quinta filha), não remete a nenhum significado fixo. É quando articulado a outro significante em forma de rede ou de cadeia que produz uma emergência de sentido (ser a quinta filha numa linhagem de mulheres). A segunda propriedade do significante é insistir e repetir. O analista escuta essa insistência repetitiva que veicula o desejo inconsciente através das brincadeiras, dos desenhos, dos sintomas.

[79] O termo "escolher" é usado aqui no sentido da escolha inconsciente e da escolha da neurose.

No campo significante que servirá de matriz identificatória para um sujeito estão presentes *traços ideais* que se relacionam com a cultura e o momento histórico em que nasce uma criança e com as gerações que a precedem. Permanecem muitas vezes enigmáticos para os pais, que os veiculam sem saber. Segundo Freud, são frutos do "narcisismo renascido" dos pais, das ilusões a que tiveram que renunciar e que renascem como ideais. Estes têm a ver com atributos de valor esperados de um filho: "estudar"; "trabalhar"; "inventar"; "ser generoso"; "ser sensível"; "fazer o bem"; "se relacionar com os outros"; "se casar"; "ter filhos"; "ganhar dinheiro"; "produzir beleza" etc.

Em nome desses traços ideais, a criança é amada, odiada ou ignorada, e diversas demandas lhe são dirigidas. Num primeiro momento da constituição do sujeito, tais traços são tomados como imagens, com as quais a criança se identifica no afã de ser tudo para o Outro e restaurar a ilusão da completude narcísica dos pais. Freud identifica nesse processo a formação do eu-ideal. Com o desenvolvimento e sob os efeitos da castração, pouco a pouco a criança se afasta dessa imagem ideal na qual é impossível consistir. Esse afastamento é conseguido à custa de um deslocamento da libido na direção de um *ideal de eu*, nova versão do *eu-ideal*, estabelecido a partir da função paterna, que a leva a renunciar a consistir nessa imagem. O *ideal de eu* surge como um conjunto de traços simbólicos que representam ideais e projetos da cultura familiar, instaurados, então, como promessa de futuro, em nome da qual se abre para a criança o desejo de saber, aprender e estudar.[80] Trata-se, portanto, do campo do desejo que

---

[80] Os conceitos de eu-ideal e do ideal do eu foram desenvolvidos por Freud em "Sobre o Narcisismo : uma introdução", (op. cit.), p. 107 e retomados por Lacan, em O *seminário. Livro 1. Os escritos técnicos de Freud.* Rio de Janeiro, Jorge Zahar Editora, 1986, p. 153.
Os conceitos de *eu-ideal* e *ideal do eu* foram desenvolvidos por Freud em *Introdução ao narcisismo* e retomados por Lacan, no *Seminário 1, Os escritos técnicos de Freud, 1953-1954.*

se abre como uma dimensão vazia de objeto e que se representa na criança, muitas vezes, sob a forma de "quando eu crescer, vou ser..." – engajando-a em atividades inseridas num projeto de futuro singular e próprio de cada constelação familiar.

b) A presença dos pais na organização das estruturas clínicas

Quando a criança não pode encarnar imaginariamente os ideais parentais, seja por questões relativas à subjetividade dos pais (depressões, lutos) ou por percalços no decorrer da gravidez ou no nascimento do bebê (prematuridade, síndromes), o narcisismo dos pais fica ferido. Na falta dessa paixão inaugural, a mãe, impedida na sua função de libidinizar seu filho, dificulta a instauração do *eu-ideal* na criança. Esta não encontra no discurso materno, um lugar de valor simbólico com o qual se identificar. Sua constituição psíquica pode sofrer falhas severas e levar às patologias mais graves.

Confrontada com a incompletude do Outro, toda criança formula sua teoria acerca dos objetos que supostamente o completariam e tece sua fantasia. Ao fazê-lo, pode permanecer no plano da representação simbólica, escapando para o plano da "devoração" ou da "mutilação" (psicose e outros quadros clínicos mais graves) que sobreviria, caso se identificasse ao objeto real para o Outro. No plano da "devoração", por exemplo, a criança – em pânico – não come, pois alucina uma boca que a engole, ao passo que, na neurose, o não comer é uma forma de afirmar o próprio desejo de comer perante a mãe que não pára de lhe pedir que se alimente.

Do mesmo modo, se o objeto da identificação são as fezes, a evacuação causa angústia quando é vivida como "mutilação" real do ser da criança, ao passo que, em outro plano psíquico (na neurose), as fezes adquirem uma representação simbólica de "presentes" oferecidos, ou não, à demanda materna.

A neurose infantil é a resposta que a criança dá aos enigmas da diferença sexual e do desejo do Outro, sendo, portanto, uma das vicissitudes possíveis do processo de subjetivação. Sabemos que não é dessa neurose que ela precisa ser curada, mas daquela que, porventura, venha a forjar ao se engajar no esforço de realizar *bem demais* o ideal parental. Em vista do futuro e da promessa do que está por vir, ela se debate entre o que seus pais esperam e o quanto consegue corresponder. O futuro se conjuga no presente e aprisiona a criança no tempo imperativo, em que só lhe resta ocupar uma posição de submissão ou rebeldia em relação àquilo que se lhe demanda. Então, ela pode produzir sintomas justamente quando não encontra recursos próprios para se deslocar das exigências parentais e fazer valer seu próprio querer, ainda que orientado pelo desejo de seus pais.

Quando falamos nas demandas constituintes da subjetividade da criança, referimo-nos à posição que ocupa – lugar de promessa de realização de sonhos dos pais –, carregada de certo caráter passional que não tem como não afetá-la. Diz a mãe de um menino de 11 anos: "*A primeira coisa que percebi dele, quando nasceu, foi sua voz, os sons que fazia... e pensava: ah! Este vai ser músico!*" Ou, ainda, um outro caso: "*Chamaram-me na escola dizendo que* M. (cinco anos) *não acompanhava bem a classe. A professora tomou muito cuidado, mas acho que quis dizer que ele é lento, atrasado em relação aos colegas. Será que ele vai repetir?*" Em seguida, a mãe conta como a capacidade intelectual é extremamente valorizada por ela e pelo marido e, lembrando um episódio ocorrido dias antes, durante uma conversa sobre nacionalidade (o marido é de origem alemã), relata que familiares perguntaram ao garoto: "O que você é?", tentando ver se ele se colocava como brasileiro ou alemão. A pergunta o fez pensar e logo responder: "Sou inteligente!" A resposta provocou muitas risadas entre os presentes. Mas M. estava certo. Antes de mais nada, é desse país que a criança advém: do país do ideal. E, nesse terreno, a paixão é sempre um correlato.

c) A presença dos pais na formação do sintoma

É sob o signo da paixão que os pais formulam seus desejos. A ânsia, a angústia, a insistência ou, por outro lado, o desinvestimento ou o descrédito com que se diz e se sustenta, tanto as demandas como os limites do "coma", "ande", "estude", "fale", "durma" etc., bem como a forma com que tudo isso é ouvido pela criança, podem impulsionar sua constituição e o exercício livre de seu desejo ou fazer-lhe obstáculos, originando sintomas.

Se a alienação à posição fálica é a condição e o ponto de partida para a constituição do sujeito, num segundo e decisivo momento, a criança precisará se separar dessa posição, para continuar no caminho de sua subjetivação. Para isso, ela terá que contar com a disposição da mãe de permitir que a função paterna se exerça no processo de separação.

Retomando nosso ponto de partida é, portanto, pela função estruturante dos pais no tempo da infância que, ao se tratar de um pedido de análise para uma criança, eles precisam ser ouvidos pelo analista. Essa segunda especificidade do trabalho analítico com crianças remete igualmente ao fato de elas, diferentemente dos adultos, serem trazidas para a análise, ficando o processo analítico pendente não só da transferência do próprio paciente, mas, também, da de seus pais. Disso decorre que não basta a criança ter um sofrimento e querer saber dele – seu sintoma precisa também ser distônico para os pais, e eles desejarem seu tratamento.

No decorrer do processo, a possibilidade de a criança deixar de responder com seu sintoma à fantasia dos pais dependerá, em grande parte, de como eles puderam se responsabilizar por aquilo que, de sua parte, alimenta e favorece a produção neurótica do filho. A falta que se revela nos pais, quando a criança se desloca do lugar sintomático precisa ser suportada para que a análise não se inviabilize. Esse trabalho não se faz sem angústia. Cabe ao analista manejá-la. E, como o sintoma da criança está sempre articulado ao discurso do casal parental, também o tempo de finalizar a presença dos pais reclama seu lugar. Nesse momento, o analista pode constatar que eles já não lhe endereçam mais as mesmas demandas e já renunciaram à posição que o filho ocupava e que o impedia de crescer.

O discurso infantil, os tempos da infância e o lugar do analista

A terceira especificidade da psicanálise com crianças é a modalidade do discurso infantil e sua relação com o lugar do analista. A criança fala não só através das palavras que diz, mas pelo brincar, pelas historinhas que monta e pelos desenhos e jogos que faz. Mesmo tendo, de um lado, a criança com sua própria estrutura psíquica e, do outro, o lugar do analista, não se trata de dois sujeitos, não há relação entre duas subjetividades: existe apenas o analisante. Dentre suas várias funções, o analista faz parte dessa estrutura, como objeto. Quando a criança brinca, desenha, fala, pinta propõe jogos (regrados ou não), recorta, cola, se esconde... O que ela faz do analista? Que objeto faz dele? Algo a ser mordido, cheirado, seduzido, olhado, disputado, rivalizado, esquecido... O *fazer* da criança em sessão e o *deixar-se fazer* do analista orientam a escuta dos traços que recortam o objeto que a criança se faz para o Outro.[81]

[81] Nesse ponto, podemos destacar um conceito capital para a clínica psicanalítica, extraído por Lacan, no Seminário 11, da leitura do texto freudiano *As pulsões e suas vicissitudes*. Trata-se da idéia de *circuito pulsional*, que introduz um terceiro tempo da pulsão, essencial para o acesso do *infans* ao Outro e à alienação constitutiva do sujeito do inconsciente. Se o primeiro tempo pulsional se conjuga no tempo ativo (o ver ou o comer, por exemplo), o segundo é reflexivo e dirigido a uma parte do próprio corpo (o ver-se ou comer-se). No terceiro tempo, já se introduz, na dinâmica pulsional, o outro, através do fisgamento de seu gozo por parte da criança. É quando entra em cena o fazer-

Aqui reside a dificuldade das duas operações que competem ao analista: "deixar-se fazer" e, ao mesmo tempo, ler o que a criança faz com ele.

O analista opera, convocando o sujeito a renunciar à posição de objeto, precisamente onde a criança busca, com suas manifestações sintomáticas e seu mal-estar, completar a falta no Outro primordial. Com suas intervenções, procura avançar na via do descompletamento, esvaziando de sentido a marca que se fixou no sintoma como algo dado a ver. Destacamos a posição de objeto como primordial nos tempos da infância para dizer que esse é também o lugar que o analista é chamado a ocupar, freqüentemente, na análise com crianças.

São dois os eixos principais que guiam o analista na direção da cura com crianças:

- a constituição do sujeito; e
- os tempos lógicos em que se dá essa constituição, desde "ser ou não o falo", "ter ou não o falo", "tempo da latência", "início do drama da puberdade", até a "constituição do fantasma[82] que sustenta o desejo".

---

se ver, fazer-se comer, fazer-se chamar etc. que a criança se faz objeto para a satisfação do Outro. Nesse ponto do processo, delineia-se a construção daquilo que será, posteriormente, o objeto da pulsão a ser encarnado no analista. Esse conceito foi bastante trabalhado por Marie Christine Laznik em sua clínica com autistas e pode ser encontrado em: Laznik-Penot, M.C. (1991). O que a clínica do autismo pode ensinar aos psicanalistas. *Coleção Psicanálise da Criança: Coisa de Criança*. Salvador, Ágalma, v. 1, ou em: Laznik-Penot, M.C. (1994). Por uma teoria lacaniana das pulsões. In: *Dicionário de psicanálise: Freud & Lacan*. Salvador, Ágalma, 1.

[82] Por definição, o desejo não tem objeto completante, pois, se tivesse, se perderia como desejo. Sua causa é uma falta estrutural sendo sustentada em um enunciado ou argumento (é uma articulação significante como "eu sou aquele que sempre tira boas notas"; "eu sou aquela que sempre é boazinha e responsável"; "eu sou aquele que sempre apanha"). O fantasma é esse argumento estável que coloca em cena um desejo inconsciente. A análise permite que a criança se desloque da colagem na cena fantasmática que a condena à repetição, para uma distância que lhe permite certa mobilidade em direção a outros objetos ("posso não tirar sempre boas notas, que isso não é uma catástrofe", "não preciso me fazer bater para ser amado").

As vicissitudes que marcam a passagem por esses tempos engendram o infantil em cada sujeito.

O infantil, núcleo da neurose, está se constituindo durante a infância em um tempo aberto. Tempo em que a posição sexuada, assim como a estrutura psíquica da criança, ainda não estão decididas, pois lhe faltam a escolha sexual e a possibilidade do ato, que se darão na passagem da adolescência. As perguntas que a criança faz pela origem, pela causa do que lhe acontece e pela sexualidade remetem ao tempo da infância. Apesar do caráter não fixo das organizações psíquicas nessa época da vida, são elas mesmas que determinam o lugar do analista e os limites de suas intervenções clínicas.

O analista está fortemente implicado no tempo em que o tratamento ocorre, porque trabalha com uma criança que está se constituindo na estrutura da linguagem. A separação dos processos psíquicos em conscientes e inconscientes ainda não está terminada. Freud já marcava uma diferença entre a estrutura psíquica do adulto e da criança:

> *"Conseguimos distinguir com êxito, na psicologia do adulto, os processos anímicos em conscientes e inconscientes e descrever claramente ambas as espécies. Em compensação, tratando-se da criança, essa distinção é dificílima, sendo quase impossível diferenciar o consciente do inconsciente. (...) Na criança, o inconsciente ainda não adquiriu todas as suas características, ainda está em pleno desenvolvimento e não tem a capacidade de se transpor em representações lingüísticas."*[83]

A plasticidade do tempo da infância resulta numa mobilidade e diversidade de ações que só a criança pode experimentar.

---

[83] Freud, S. (1976). Da história de uma neurose infantil. In: *Obras Completas de Sigmund Freud*. Buenos Aires, Amorrortu Editores S. A., v. 17, p. 95. (Tradução livre)

Ela desenha, modela, brinca, move-se e, muitas vezes, não diz com palavras seu sofrimento. Deste modo, o analista elabora um trabalho minucioso para decifrar o que ela encena e chegar às fantasias inconscientes em constituição. A distinção incompleta entre os sistemas – de que fala Freud – determina uma plasticidade dos sintomas infantis que lhes confere um duplo lugar, de constituídos e constituintes da subjetividade. Na medida em que o processo de subjetivação avança, alguns desejos com mais dificuldades para encontrar uma expressão consciente, revelam-se pela via sintomática.

Muito mais do que a simples reconstrução linear de uma história vivida pela criança, que revelaria o que faltou ou excedeu, interessa-nos a produção do inconsciente, como lugar das causas do desejo e de seus efeitos na relação transferencial. O analista não visa corrigir as falhas dessa história. É quando escapa da sedução do exercício normativo da função pedagógica que ele está mais bem posicionado para exercer a função analítica de promover deslocamentos.

É justamente o deslocamento de um tempo lógico a outro na constituição do inconsciente que, ao desmanchar sintomas, proporciona nova distribuição dos gozos estancados no corpo que impediam o desejo de comer, dormir, brincar, estudar, ler ou escrever. Assim, a criança pode decidir por si mesma o que quer ou não fazer, sem precisar por isso depender de rituais, da presença dos pais ou de qualquer outro subterfúgio que sustente a causa de seu desejo: dorme, porque sente sono e não porque a luzinha está acesa ou porque a mãe lhe conta uma história. Não se espera que ela "saiba fazer algo com seu sintoma",[84] como é próprio da análise de um adulto, mas, sim, que possa operar deslocamentos com algum efeito terapêutico. Essas mesmas crianças nos fazem ouvir o alívio produzido pela nova distribuição do

---

[84] Esse tema é muito bem tratado e desenvolvido pela psicanalista Maria Cristina Ocariz em: Ocariz, M.C. (2003). *O sintoma e a clínica psicanalítica (o curável e o que não tem cura)*. São Paulo, Via Lettera.

gozo excessivo: "Posso dormir sozinho", "Não quero mais perder um acampamento da escola por causa do medo", "Não gosto mais de me vestir de menina", "Posso não gostar de jogar futebol e, mesmo assim, sou um garoto". Aí, o analista percebe o efeito da mudança de posição da criança, que passa a se responsabilizar como sujeito. Essa conquista é possível, porque o tema da responsabilidade da criança por seu discurso está colocado desde o início da análise. Do ponto de vista da lei social e jurídica, ela é considerada irresponsável e inocente, mas, do ponto de vista da psicanálise, é função do analista chamá-la a se responsabilizar por seu brincar, seus desenhos, sua fala, seu sintoma, por sua relação com seus pais, irmãos, escola, enfim, pelos seus atos.

Uma menina de nove anos inicia sua análise, perguntandose pela causa da angústia intensa que a impedia de freqüentar a escola, de dormir sozinha, de ter amigos e de separar-se da família. Enquanto se debatia com seus sintomas e se confrontava com angústias semelhantes, de outras crianças, conseguiu elaborar sua própria verdade: "Digo a elas que *isso* passa" ou "É melhor não acreditar demais nos medos, eles só servem para nos deixar grudados em casa". Percebe-se sua mudança de posição perante o "isso" que a fazia sofrer. Com a perda do excesso implicado em seus medos, ocorreu um alívio sintomático.

Finalidade da análise

Fim e finalidade estão intimamente interligados em toda experiência analítica. É assim que Alain Didier-Weil os define: "*Um dos aspectos da finalidade do diálogo analítico é que ele possa ter um fim (...), aspira a um fim, identificável como o acesso a um novo discurso, a uma nova resposta.*"[85]

---

[85] Didier-Weil, A. (org). (1993). *Fim de uma análise, finalidade da psicanálise.* São Paulo, Jorge Zahar Editora, p. 11.

Fim e finalidade de análise não se confundem com remissão de sintoma. Mas, no caso das crianças, o sintoma constitui uma especificidade porque, quando aliviado, muitas vezes, a criança manifesta a vontade de não vir mais às sessões. Entende-se que nesse processo específico com crianças há um objetivo a alcançar, que é proporcionar a passagem da criança-objeto para a criança-sujeito. De certo modo, ela sai da ignorância sobre si mesma, sabendo que efeito seu sintoma provoca nos outros, assim como o que esperam dela. A finalidade visa permitir-lhe poder esperar ("quando eu crescer...") e também transitar num campo mais flexível, do *eu ideal* ao *ideal de eu*. O trabalho do analista possibilita a transformação da passividade narcísica, em que a criança se colocava na ilusão de ser "toda", conforme os ideais de seus pais, para um novo fazer com seu próprio desejo.

Finais de análise

A análise de criança não é interminável e, para a escuta do analista, vai se delineando o momento de concluir. Esse momento revela algo que o analista testemunha e que pode escapar ao saber da criança. Quando e como isso se evidencia? O que atesta o término de uma análise?

O analista observa que a criança já não ocupa mais o mesmo lugar que lhe era destinado e agora pode fazer outra coisa, ao invés de permanecer sofrendo. É desse sofrimento sintomático devido a um excesso de gozo que a análise trata, pois sabe-se que há outro, inerente à vida (mortes, acidentes, doenças graves, momentos de separação) que nenhuma análise se propõe curar. Mas, todo cuidado é pouco, no manejo da finalização. É preciso que se mantenha um tanto da ilusão do engano do narcisismo primário, sem a qual a criança poderá se deprimir.

Cabe destacar que a criança precisa consentir em perder o lugar de exceção que seu sintoma lhe dá na estrutura familiar, para poder ser *mais uma* criança. Uma das conquistas da análise é passar, por exemplo, *da mais* temerosa, ou *da mais* necessitada de cuidados e preocupações, *da única* que não pode ficar sozinha para ser *mais uma* na família.

Assim, o término da análise nos tempos da infância visa fundamentalmente pôr em marcha o sujeito do desejo, uma vez que o processo analítico operou sobre as marcas pulsionais de um gozo excessivo que causava sofrimento. Na maioria dos casos, o analista fica sem saber o destino final dessas marcas. Esse destino só se articulará no fantasma nos tempos da puberdade (tempo do início do drama puberal) e da adolescência, quando o sujeito é chamado a dar provas de sua posição sexuada, de sua autonomia e de sua escolha profissional.

O fim de uma análise coincide com o deslocamento dos sintomas – os que motivaram a demanda de análise e os que eventualmente surgiram em seu transcurso –, e com o desenlace do amor transferencial. A interrupção das vindas da criança às sessões é conseqüência de um processo de separação que ocorreu durante todo o percurso da análise.

É difícil identificar o término porque sabemos que, como a estrutura psíquica da criança está in-decidida, a função da castração ainda não operou por completo, assim como tampouco o recalque dos sentimentos incendiários em relação aos pais. É possível que fiquem várias questões em aberto, mas que não serão tratadas nesse momento, porque a criança não dispõe dos recursos psíquicos necessários para tanto.

Só no *après-coup* podemos dizer que a análise da criança não é um artifício, mas tem o peso e o valor de uma experiência efetiva. Dos efeitos da análise no social, depois que ela termina, nada sabemos.

O término precisa ser pensado caso a caso. Essa decisão é um ato que cabe ao analista, mas, em geral, a própria criança indica o caminho. Na lógica do processo de cura, temos presente, tanto no início como na finalização do tratamento, a constituição do desejo que sustenta a criança.

"Eu gosto de vir aqui", "Vou sentir falta", "Lembra da primeira vez que eu vim? Do que mesmo eu brincava?", "Olha o desenho que eu fazia! Eu não sabia desenhar direito! Deixa eu te mostrar como eu faço agora uma pessoa!", "Eu vou fazer judô no lugar de vir aqui", "Eu já estou boa", "Não tenho mais tanto medo do escuro"... São inúmeras as falas de crianças quando se aproximam do término de sua análise.

B. (seis anos), na última sessão, desenha "um elefante que saiu de suas costas"; E. (sete anos) desenha "uma fada que com sua vareta mágica afastou um monstrinho que ia acabar com a felicidade da casa"; e C. (nove anos) brinca pela última vez de fazer de conta que ela é a aluna, cujo pai vem dizer à professora que ela está muito bem.

Histórias, desenhos e comentários de crianças que aprendem a encarar o fim, em que a separação às vezes é mais sustentável, quando sabem que, se precisarem, sempre é possível reencontrar seu analista. Esse final coincide em geral com a diluição da transferência, que leva a criança a confrontar-se com o seu próprio querer. Dali em diante, ela poderá dispor da representação internalizada de seu analista (como função), sem precisar encontrá-lo. Presente na sua ausência, o luto se processa do lado da criança e também do lado do analista, que "solta" a criança para o mundo. Essa é a ética da posição do analista.

J. (oito anos) pergunta "o que você vai fazer com meus desenhos? Guardar para sempre? Posso levar este comigo?" Enquanto fala, J. os observa um a um. Relembra. Costura. Lê frases escritas, inscrição de sua passagem pela análise. Sorri um sorriso que se reconhece, mas que também revela que já não é a mesma criança que chegou. Como frente a um álbum de fotografias, J., face às suas lembranças, monta sua história com relatos, desenhos e frases. Pensa em visitar sua analista, certifica-se de que não vai mudar de endereço, porque talvez precise voltar, se sentir medo novamente. Quem sabe vai escrever-lhe um e-mail, uma carta... Um jeito de dizer adeus.

Referências Bibliográficas

Didier-Weil, A. (org.). (1993). *Fim de uma análise, finalidade da psicanálise*. São Paulo, Jorge Zahar Editora.

Evans, D. (1997). *Diccionário Introdutorio de psicoanálisis lacaniano*. Buenos Aires, Paidos.

Freud, S. (1969). As neuropsicoses de defesa. *Edição Standart das Obras Completas de Sigmund Freud*. Rio de Janeiro, Imago, v. 3.

Freud, S. (1976). Da história de uma neurose infantil. In: *Obras Completas de Sigmund Freud*. Buenos Aires, Amorrortu Editores S. A. v. 17.

Freud, S. Inibições, sintomas e angústia. *ESB,* v. 20.

Freud, S. Sobre o Narcisismo: uma introdução. *ESB*, v. 14.

Lacan, J. (1986). *O seminário. Livro 1. Os escritos técnicos de Freud.* Rio de Janeiro, Jorge Zahar Editora.

Lacan, J. (1988). Dos notas sobre el niño. In: *Intervenciones y textos*. Argentina, Manantial, 2.

Laznik-Penot, M.C. (1991). O que a clínica do autismo pode ensinar aos psicanalistas. *Coleção Psicanálise da Criança: Coisa de Criança*. Salvador, Ágalma, v. 1.

Laznik-Penot, M.C. (1994). Por uma teoria lacaniana das pulsões. In: *Dicionário de psicanálise: Freud & Lacan*. Salvador, Ágalma, 1.

Ocariz, M.C. (2003). *O sintoma e a clínica psicanalítica (o curável e o que não tem cura)*. São Paulo, Via Lettera.

Rappaport, C.R. (org.). (1992). *Psicanálise: introdução à práxis*. São Paulo, EPU.

A Dissociação Psicótica sob Evento Traumático Familiar

Um caso de psicose infantil

Marcia Ramos[86]

Neste capítulo, apresento o caso clínico de uma criança atendida no Centro de Atenção Psicossocial Infantil da Mooca (CAPSi), ao longo de quatro anos. Em um CAPSi, a criança tem contato com vários membros da equipe, tanto técnica quanto de apoio, em diversas atividades, tais como oficinas terapêuticas e atendimentos de diferentes especialidades, inclusive nas refeições e na sala de espera.

Meu propósito aqui é descrever as manifestações psicopatológicas do caso clínico em questão, destacando os aspectos mais importantes da sua história familiar e do relato do próprio tratamento, assim como construir um entendimento a partir da psicanálise para discutir o que, possivelmente, ocorreu com seu psiquismo.

Procurarei discorrer sobre a dissociação psicótica como uma possível defesa frente à angústia de aniquilamento e sobre como a identificação com o agressor poderá se constituir como recurso frente à questão edípica. Por fim, também comentarei sobre a atuação identificatória dando-se através de freqüentes passagens ao ato, como expressão de falhas no processo de simbolização desta organização psíquica.

---

[86] Psicóloga clínica, psicanalista. Coordenadora do CAPSi Mooca.

Para abordar estas questões, remeto-me a alguns autores que, embora não pertençam todos a uma mesma escola, contribuíram para aproximar-me da complexidade dos fenômenos presentes nesta criança.

Caso Clínico

Abel está hoje com 12 anos e chegou ao CAPSi da Mooca em abril de 2003, aos oito anos.

No final de 2001, então com seis anos e meio, dez dias após visível mudança em seu comportamento, a professora sugeriu uma consulta a um profissional, pois achava que poderia ser necessário um tratamento. O garoto foi, então, levado a uma psicóloga de seu convênio, que o acompanhou por um curto período de tempo. Em 2003, a escola o encaminhou ao CAPS infantil.

Na primeira entrevista com a psiquiatra do CAPSi, a mãe relatou o convívio familiar. Residem juntos o casal, Abel e duas irmãs, uma dois anos mais nova que ele e a outra, seis anos mais nova. Segundo a mãe, o adoecimento de Abel iniciou-se dias depois de uma cena de violência, em que o pai, usuário de drogas, ameaçou matá-la com uma faca, na presença das crianças, e levantou com brutalidade a cama em que o menino estava, deixando-o surpreso e extremamente assustado. A mãe disse também que, após esse acontecimento, o menino ficou cada vez mais agressivo, tanto em casa quanto na escola. Além disso, passou a ter solilóquios, a ver "coisas"; a dizer que tinha "capetinhas" pelo corpo e que uma "coisa" falava com ele. Ainda segundo a mãe, ele, por vezes, falara em se matar, sendo que, uma vez, tentara se enforcar no banheiro.

No início do tratamento no CAPSi, Abel dizia que via o "capeta" mandando-o matar, e caveiras e figuras pegando fogo. A mãe dizia que apresentava alterações de voz, que parecia falar em outra língua e que tinha novamente mencionado que ia se matar, dizendo, inclusive, que tomaria seus remédios para isso.

Diante desse quadro, foram indicadas psicoterapia individual e participação em oficina terapêutica, além da terapia medicamentosa.

No primeiro contato que fiz com Abel e a mãe, ambos reclamaram da violência do pai. Disse que ele seria convocado para entrevistas e a mãe pareceu ficar aliviada.

Por outro lado, a psiquiatra sugerira várias vezes à mãe que fosse denunciar essa violência numa Delegacia da Mulher, mas esta temia que tal medida gerasse uma situação ainda mais difícil. Religiosa, considerava que sua fé em Deus ajudaria o marido e, portanto, suportava as atitudes agressivas contra ela e as crianças, pedindo que ele buscasse tratamento e fosse um pai melhor.

Quando chamado pela psiquiatra, o pai de Abel confirmou o uso de álcool e drogas, principalmente maconha. Contou que aos 13 anos fora para a FEBEM, e que aos 18 anos dissera ao pai (segundo ele, um policial sem caráter) preferir ser bandido, a seguir a mesma carreira. Tornou-se metalúrgico. Contou, também, que o pai era um matador antes de ser policial e que sua mãe fugira com os filhos pequenos, após conseguir acertar o marido com um ferro nas costas. Fizera isso depois de muito sofrimento, pois havia ficado presa em casa várias vezes por provável 'delírio de ciúmes' daquele homem. Ela, atualmente, é aposentada por problemas psiquiátricos.

O pai de Abel relatou ainda que esteve preso anteriormente por ter dado nove facadas em seu cunhado (irmão da primeira esposa), que roubou coisas de sua casa.

Ao longo dos quatro anos de atendimento, só consegui falar com o pai por duas vezes, ora porque ele arrumava emprego em outra cidade e só via a família aos finais de semana, ora porque estava desempregado, drogando-se mais e negando-se a comparecer.

Nas vezes em que o vi, fez questão de mostrar que seus valores morais eram muito fortes, principalmente ao falar de seu pai, condenando-o por ser um policial corrupto e também por ser um homem que maltratava a própria esposa e que saía com outras mulheres. Não fazia, porém, nenhuma conexão entre seu relato e o fato de agir de modo semelhante.

Falou também das vezes em que tentou livrar-se das drogas, dos momentos de abstinência em que era capaz de passar uma noite inteira andando e ir trabalhar sem dormir. Dizia que é teimoso e mandão e que quase perdera empregos por suas reações intempestivas. Pouco falava de seu filho.

Nas sessões com a mãe, aponto que, de acordo com seus relatos, nem intercepta as violências do marido contra ela e as crianças, nem permite que ele exerça sua função de pai, quando age de modo mais adequado. Tal apontamento parece surtir efeito: ela conversa com o marido e ele lhe entrega todas as drogas que tem em casa, dizendo que precisa da ajuda dela para conseguir se livrar daquilo.

Durante o período em que os pais ficam mais próximos, Abel apresenta melhoras. Mas isso é passageiro, pois o pai só agüenta a síndrome de abstinência quando se ocupa e não aceita nenhum tipo de tratamento.

Em seu atendimento comigo, Abel levou muito tempo para conseguir fazer uma sessão dentro de uma sala fechada e para dizer “minha sala”. Ele ficava no corredor, ou lá fora (no jardim frontal do CAPSi), ou entrava e saía da sala de aconchego, sala com tapete e almofadas, que utilizou como “esconderijo” em seu brincar. Por vezes, eu percebia que olhava algo inexistente e saía correndo. Nesses momentos, eu o acompanhava.

No início, as curtas histórias trazidas a nossos encontros tinham um conteúdo de violência, perseguições, tiros, uso de armas, como espadas e revólveres, e muitos bandidos. Mas, cada vez que eu tentava verbalizar algo relacionado com a sua história, ele fazia uma ruptura na seqüência; uma sessão podia ter várias interrupções.

Por vezes, mal chegava ao CAPSi e, frente a uma pequena contrariedade, já queria ir embora. Às vezes, ficava muito agressivo, batendo nos técnicos ou em crianças, ou saía correndo para fora do CAPSi. Aprendemos a aguardar que ele voltasse, entendendo estas atitudes como a sua possibilidade de lidar com a angústia e colocar para fora a sua agressividade. Ele tinha que se afastar, pois ficava muito ameaçado em sua própria integridade, caso algo não saísse do jeito e na hora que quisesse.

Após um ano de atendimento, houve melhoras. Uma vez, fez um ferimento de "faz de conta" e pediu socorro. Passou a se interessar por jogos e a ficar mais tempo em cada jogo, fosse snooker, basquete, ou tênis. Sua coordenação motora melhorou, parecendo haver maior integração psíquica.

Em uma sessão, tentou consertar algo pela primeira vez, o que coincidiu com seu pedido de ficar mais tempo na escola.

Mas, a seguir, voltou a ter alucinações. Neste novo período, teve de ser contido por estagiários e técnico, pois quase se jogou na frente de carros em movimento, após uma contrariedade na Oficina de Esportes.

Após discussão técnica com a psiquiatra sobre essa inconstância, houve um aumento da medicação. Ele respondeu positivamente a este ajuste e, passado alguns dias, com base no vínculo construído, ele me disse: "Marcia, estou com problema de memória, faço coisas que não quero fazer, falo coisas que não quero falar, e fico me perguntando quem sou eu, quem sou eu". Essa fala, incomum na sua linguagem e importantíssima como expressão de um eu que, embora "inusual", percebe e pergunta, e de um super-eu que, embora incipiente, se organiza e critica, não teve a constância e elaboração que poderíamos ou queríamos esperar, mas marcou um momento surpreendente, importante e inédito neste tratamento.

Atualmente, ele está num período de estabilidade. Tem saído com amigos da rua, e a mãe diz não estar tendo mais problemas. Foi ao parque de diversões, por exemplo, e está menos briguento com as irmãs, chegando a chorar e a pedir a intervenção da mãe, quando isso acontece.

Ele tem suportado melhor as contrariedades e as frustrações, e respeitado mais as regras. Passou a brincar mais com bola, e interessa-se por jogar com outros garotos. Conversa mais comigo durante os trajetos dentro do parque em que se situa o CAPSi.

Eu tenho sido bastante receptiva e ele me procura quando enfrenta situações mais difíceis mesmo em outros espaços do CAPSi: durante o lanche, no corredor... Observo que o vínculo está se fortalecendo.

Como vimos pelo que foi descrito acima, esta criança teve um primeiro surto aos seis anos e meio; segundo a mãe, ele não apresentou sinais que chamassem a atenção até essa idade. Parece-nos que não há distorção na percepção materna, pois a informação obtida através da escola é de que ele começou a ficar muito diferente do que fora até então, a partir do mesmo período referido pela mãe. Em dois anos de freqüência em EMEI, e um ano de escola de Ensino Fundamental, não apresentara problemas.

Isso aponta para uma ruptura psíquica num desenvolvimento que vinha, com esforços, acredito, alcançando êxito. Nessa ruptura, o eu se desmantelou, ficando impossibilitado de exercer suas funções básicas, tais como a regulação e controle de impulsos; o uso do princípio de realidade (adiar prazer); distinção entre a realidade psíquica e a realidade externa; tolerância à frustração e à angústia, comprometendo, inclusive, seu desenvolvimento intelectual.

Para discutir o modo de funcionamento do psiquismo desta criança, destaco o tempo edípico sobre o qual o efeito traumático da realidade vivida se sobrepôs. Com a idade de seis anos e meio, segundo Freud, a criança teria finalizado a passagem pela fase fálica, na dissolução do complexo de Édipo (Freud, 1924, p. 217). Podemos supor que, para Abel, desde os dois anos algo se antecipava sobre esta questão, pois há uma lembrança da mãe de que, nessa idade, ele atirou no pai o objeto com que brincava, para defendê-la, em meio a uma discussão, indicando a existência de um movimento da criança, em tomar posição no triângulo edípico. A mãe parece ser o objeto de seu maior interesse. Portanto, enfrenta o pai, numa reação precoce.[87]

Se considerarmos que, em geral, na fantasia edípica a criança disputa a mãe como objeto de amor junto ao pai, tendo-o como alvo de ódio mortífero, ao mesmo tempo que é alvo do ódio do pai, no caso de Abel, a realidade parece tê-lo colocado em meio a afetos intensificados de fato, onde as palavras e ações têm conteúdo de ameaça de morte real. A função protetora da fantasia frente às pulsões, se desvanece; fantasia e realidade estão muito próximas, e o recalque não pode se estabelecer de modo consistente.

Além disto, uma criança que assiste a várias cenas de violência no ambiente familiar, que assiste a mãe ser ameaçada de morte pelo próprio pai, que vive sob o risco iminente de que isto aconteça de fato, vivenciará uma angústia de aniquilamento, no limiar da sobrevivência psíquica, principalmente quando o pai está transtornado, 'fora de si', com a ameaça tornando-se ainda mais terrorífica.

A imprevisibilidade e a repetição da violência no ambiente familiar são fatores traumáticos que vão minando mais e mais a organização psíquica que esta criança vinha conquistando. Esta situação familiar traz em seu bojo esses ingredientes que inviabilizam a ocorrência de cortes estruturantes, e promovem cortes mutilantes.[88] Assim, a função paterna de interdição não pôde acontecer, porque é da ordem da violência. A ação paterna não opera como castração simbólica e, sim, como algo da ordem da mutilação. E, como tal, só pode ser rejeitado, colocado fora

---

[87] A partir do significado atribuído pela mãe, vou considerar aqui uma antecipação na fase edípica que, em Freud (1923, v. 19, p. 182), corresponde à fase fálica, entre três e cinco anos.

[88] Encontro referência para uso destes conceitos em Laznik (1997, p. 41), com base na mesma premissa: "*O sujeito se funda em uma experiência de corte*", ainda que usados por ela no âmbito do trabalho com crianças autistas.

de qualquer registro, ou seja, forcluído.[89] O extremo da violência da interdição do incesto a que a criança fica submetida equivale à não existência do corte, de modo a dar-se a forclusão.

Como defesa, o psiquismo desta criança pode ter realizado uma dissociação psicótica, de modo que uma parte da realidade não será integrada. Mais do que isso, podemos falar em uma clivagem – quando a dissociação acontece dentro de uma mesma instância psíquica, o ego. Desta forma, diante da impossibilidade de alterar a realidade externa, há uma alteração da realidade interna, que Ferenczi denomina de alteração de modo autoplástico.

O pai de Abel, "possuído pelo capeta da droga", ameaçara sua mãe. Esta vivência traumática retorna como alucinações e atos de Abel, que aparecem por compulsão à repetição daquilo que não é assimilado e integrado com o resto dos conteúdos psíquicos. O capeta vai matar. O capeta manda matar. Ele ameaça se matar. Ele diz para outros: "vou te matar".

Alonso (2006, p. 169) afirma que a alucinação tem função protetora frente ao excesso de excitação que não encontrou outra possibilidade de ligação entre afeto e representação. No caso, vemos que não há possibilidade de Abel realizar ligações psíquicas para representar este pai ameaçando matar a mãe com uma faca. Na alucinação, já não é o pai quem ameaça matar e, sim, o capeta, o 'capeta da droga'.

A unidade psíquica da criança foi perdida. O eu encontra-se cindido. Esta cisão aparece, inclusive, na própria realidade: mãe boa/pai assustador, e ainda, pai assustador/pai possível de se identificar. Não podemos esquecer que a criança também ama o pai, por mais que este seja o agressor.

Diante de tal ordem de conflito e de impossibilidade de enfrentamento do mesmo, o que resta é a incorporação/identificação com o agressor. Assim, Abel torna-se o mandão, Abel vira o "cara que vai resolver na porrada".

---

[89] Comunicação oral por Mira Wajntal, em discussão clínica – CAPSi Mooca.

Quando apresenta essas reações parece-nos que surge outro personagem diante de nós. Seu olhar se modifica, assim como a postura corporal. Pode-se dizer, que surge uma neoformação egóica, através da identificação com o agressor. Esta se manifesta em atuação identificatória – os processos identificatórios são parte fundamental da constituição do eu. Mas, neste caso, parece ter havido, além de traços identificatórios introjetados, a incorporação do agressor.

As identificações projetivas predominam em suas relações e, por conseqüência, Abel leva o outro a sentir as angústias que o invadem, quando ameaça da mesma maneira que se sente ameaçado em sua sobrevivência.

Para Abel, houve impossibilidade de processar os excessos a que foi submetido. Ele passa a descarregar e extravasar, por suas condutas impulsivas e agressivas, à semelhança do que faz seu pai. Para além do que vem pelo corpo, seu psiquismo extravasa por alucinações. Ele não pode simbolizar e criar representações e palavras para suas vivências. A modificação autoplástica frente ao trauma surge à custa de perdas em seu próprio eu, o que Ferenczi chamou de 'autotomia narcísica'. Assim, Abel já não pode relacionar-se bem com os colegas da escola e ameaça a todos, de bater e matar; não pode usar as funções intelectuais, não acompanha as aulas, não realiza tarefas que já havia aprendido e perde parte da coordenação motora. Ficamos diante de uma neoformação egóica, de modo que este 'personagem' impulsivo e agressor é a nova apresentação da criança cheia de terrores.

Ressalto, ainda, a importância que Ferenczi (Uchitel, 2001, p. 80), atribui à realidade dos fatos, ao fator externo traumático, e à força essencial do desmentido do fato real, como conjunto de fatores que impossibilitam que o trabalho psíquico de inscrição e representação se dê sob os excessos dos eventos traumáticos.

O pai de Abel considera que ele, sim, é que teve uma infância difícil e acha que tem que ser 'linha dura' com o filho.

Não reconhece o ambiente familiar como violento e disruptivo, portanto traumatizante. Coloca a criança na ordem do desmentido, porque sua vivência é claramente subestimada.

Poderíamos acrescentar, para compreender mais sobre a impulsividade e agressividade que Abel passou a apresentar após a cena tida como desencadeante (na qual seu pai ameaçara sua mãe com a faca e o tratara com brutalidade), que ambas estariam para seu psiquismo como 'sintomas não simbólicos', como 'transtornos', que obedecem à lógica do trauma, conforme operações psíquicas tão bem descritas por Uchitel (2006, p. 150): "*Uma lógica que opera anulando o funcionamento do princípio do prazer, provocando em vez de conflito, uma clivagem no eu, um curto-circuito na elaboração psíquica que conduz à descarga e ao agir de conteúdos que deveriam ter sido processados, por obra do recalque, dentro da fronteira interna do aparelho psíquico*". E continua: "*O transtorno abafa a existência psíquica da experiência, quebra os nexos, as associações, a história. Não cria uma linguagem simbólica capaz de se comunicar com palavras...*"

Mesmo assim, Abel fazia algumas tentativas de lidar com os conteúdos traumáticos. Lembremos que o brincar era repleto de temas de violência e perseguições, embora não suportasse que isto fosse colocado em palavras.

No manejo que realizo neste caso, utilizo-me de situações que chamo de propiciadoras de "castrações simboligênicas", conforme conceito descrito por Françoise Dolto, que Nasio apresenta (2000, p. 167) como cortes toleráveis que remetem a castrações orais, anais e fálicas, de modo a trabalhar-se com interdições de acordo com o percurso da libido. Assim, o 'corte' é suportável, e novas representações poderão instalar-se frente ao desprazer, quando este não for da ordem do insuportável, do irrepresentável, do traumático. Isto se dá com atos terapêuticos que intermediam suas relações comigo e com outros, em diversas situações do cotidiano do CAPSi.

Penso que, mediante o trabalho que promove cortes estruturantes, que nomeia os atos, que permite falar sobre o capeta, sobre os medos e as agressões, que permite transpor o plano da sensação e do sentimento para o plano da palavra, percorre-se um longo caminho para que suas vivências venham a ser colocadas em palavras. Esse 'trajeto' se fará com muitas ações que sustentem o vínculo, bem como com muitos trajetos entre o CAPSi e outros espaços do parque onde circulamos, pois estes trajetos tornaram-se, como já foi dito, as situações onde Abel mais se comunica e verbaliza.

Recentemente, Abel presenteou-me com um 'trevo da sorte', que trouxe do jardim de sua casa.

Referências Bibliográficas

Alonso, S.L. (2006). Do Sintoma Simbólico ao Mais Além: A problemática do alucinatório. In: Fuks, L.B. e Ferraz, F.C. (orgs.). *O Sintoma e suas Faces*. São Paulo, Escuta/Fapesp.

Ferenczi, S. (1933). Confusão de línguas entre os adultos e as crianças. In: Ferenczi, S. (1992). *Obras Completas*. São Paulo, Martins Fontes. In: Uchitel, M. (2001). *Neurose Traumática*. São Paulo, Casa do Psicólogo Editora.

Freud, S. (1980). *Obras completas*. Rio de Janeiro, Imago, v.19. (Original publicado em 1923-1925).

_________. (1924). A dissolução do complexo de Édipo. *Op. Cit.*

_________. (1923). A organização genital infantil (uma interpolação na teoria da sexualidade). *Op. Cit.*

Laznik-Penot, M.C. (1997). *Rumo à Palavra. Três crianças autistas em psicanálise*. São Paulo, Escuta.

Nasio, J.-D. (2001). *Os Grandes Casos de Psicose*. Rio de Janeiro, Jorge Zahar Editora.

Uchitel, M. (2006). Na Borda do Sintoma. In: Fuks, L.B. e Ferraz, F.C. (orgs.). *O Sintoma e Suas Faces*. São Paulo, Escuta/Fapesp.

Acompanhamento terapêutico:

Invenções terapêuticas no espaço público

Carmen Livia Parise[90]
Maria Carolina Accioly[91]
Thais Christofe Garrafa[92]

Os desafios do trabalho junto a crianças em sofrimento psíquico intenso convocam o terapeuta a se despir das diretrizes previamente instituídas e a se lançar a uma condição de criação constante. Trataremos aqui do aspecto inventivo que se faz presente no tratamento dessas crianças na clínica do acompanhamento terapêutico.

Essa clínica se define como uma intervenção junto a pessoas em intenso sofrimento psíquico, com o objetivo de construir um lugar de pertinência social para o acompanhado, onde seus enunciados – por vezes incompreensíveis – possam ser tomados como manifestações de um sujeito. Nesse sentido, as intervenções terapêuticas se desenvolvem em espaços de circulação pública e ambientes do cotidiano, tais como a casa, a escola, as ruas do bairro e espaços de cultura e lazer. Nesse

---

[90] Carmen Livia Parise é psicóloga, acompanhante terapêutica e membro da ONG Atua.

[91] Maria Carolina Accioly C. Silva, psicanalista, acompanhante terapêutica. Coordenadora do grupo Laço (projetos em inclusão escolar). Integrante da ONG Atua.

[92] Thais Christofe Garrafa é psicanalista, acompanhante terapêutico e integrante da ONG Atua.

contexto, o que se inventa no acompanhamento deve-se justamente ao inusitado das situações vividas *in locco*, nesses espaços públicos e coletivos, onde a relação AT-acompanhado é atravessada pelo entorno e fabricada por esses atravessamentos.

Tais situações portam nuances das relações experimentadas na comunidade, na qual são vividos os efeitos dos agenciamentos do cotidiano. Isto porque há no discurso social um lugar reservado para o sujeito – um pré-investimento que, tal como o discurso parental, projeta sobre a criança uma antecipação (Aulagnier, 1979) – uma espécie de convocatória para que ela venha a se colocar no grupo sob os signos e as leis que regulam a vida no coletivo. Aproveitando a vitalidade presente nesses agenciamentos grupais, a clínica do acompanhamento terapêutico se desenvolve permeada por olhares e intervenções que se situam além do âmbito do tratamento – tal como este é usualmente entendido – num encontro inventivo com esses apelos e saberes próprios das relações comunitárias.

Nesse sentido, uma das características fundamentais do trabalho do AT é que sua intervenção não é só para o acompanhado, mas para os demais presentes na cena. Isto porque a teia social do indivíduo também é sensível àquilo que se produz na relação entre a criança e o terapeuta: um efeito perturbador no ambiente que convoca uma resposta.

A singularidade do acompanhamento terapêutico deve-se, portanto, a essa disposição de estar junto ao acompanhado e, ao mesmo tempo, lançado para todo o espaço que nos envolve e nos toca, tanto quanto é tocado por nós. Assim, público e privado, clínico e social, mostram-se duas faces de uma mesma realidade – uma realidade paradoxal e sempre em construção.

Com as crianças, a escola é um meio social privilegiado para que isso se processe, de modo que todo trabalho de tratamento e inclusão social de crianças com graves sofrimento psíquico se depara, mais cedo ou mais tarde, com o tema da inclusão escolar. Isto porque a estreita relação entre a infância e a educação, historicamente constituída (Ariès, 1978) e reafirmada pela sabedoria popular, não deixa dúvidas: aos olhos da cultura, o lugar da criança é mesmo a escola. Aqueles que não puderem ser delimitados pela moldura escolar não poderão também receber a designação de criança (Kupfer, 2000).

A entrada na escola propicia à criança amplo efeito terapêutico. Tal efeito opera porque a escola representa para essas crianças um signo de reconhecimento de sua capacidade de circular pela norma social (Jerusalinsky, 1997); porque, esse reconhecimento social age também sobre as significações que os pais da criança lhe atribuem (Lerner, 1997); e porque, na escola funcionam as leis que regulam as relações humanas, isto é, as leis que regem o simbólico (Kupfer, 2000).

Em muitos casos, o trabalho que os profissionais realizam com a escola é suficiente para que a inclusão aconteça. Entretanto, há situações em que o acompanhamento permite antecipar a entrada da criança autista ou psicótica na escola regular. Nesses casos, verifica-se que o trabalho do AT é útil e produtivo dentro da escola, pois a partir da relação terapêutica com o AT pode-se sustentar a construção de um lugar para a criança no ambiente escolar.

Dizer que o acompanhamento sustenta a construção desse lugar não significa que o acompanhante venha a ocupar "ortopedicamente" o lugar da escola ou do professor. Ao contrário, o trabalho do AT nesse contexto é transitório e visa sustentar uma relação que permita a construção da ponte para um trabalho educativo possível. Isto implica possibilitar o acolhimento e a integração da multiplicidade de acontecimentos a que a criança se expõe na relação com as outras crianças, com o professor, o porteiro, o pessoal da cantina etc. Ao mesmo tempo, as intervenções do AT estão direcionadas à sustentação dos efeitos perturbadores produzidos no ambiente, efeitos estes que convocam uma transformação.

De fato, em todos os contextos – e não exclusivamente na escola – o trabalho do AT se propõe transitório e orientado à construção de um novo lugar social para a loucura e de uma experiência de convívio com as diferenças, entendidas em sua potência criativa, produtiva e transformadora. O olhar para o campo grupal, para os atores que compõem a cena no momento em que esta se desenvolve, permite que as intervenções do AT sejam alimentadas pela multiplicidade de saberes das relações comunitárias, de modo a produzir efeitos plurais que atingem todos os presentes.

É nessa composição que se constrói o aspecto inventivo do acompanhamento terapêutico, aproveitando o estado instituinte gerado no encontro entre os diversos elementos que atravessam essa clínica. Veremos, adiante, como tais atravessamentos redimensionaram o trabalho clínico com Henrique.[93]

Entrar pela saída e sair pela entrada: loucura demais?

Seis meses após o início do acompanhamento de Henrique, o AT e a criança ficaram, pela primeira vez, sozinhos em sua casa. Até então, a mãe sempre estivera presente nos acompanhamentos, de modo que o trabalho do AT focava-se na relação entre eles, nas experiências vividas no dia-a-dia. Aos 13 anos, Henrique precisava da ajuda constante de um adulto – se comunicava com dificuldade; comia com as mãos e, em algumas situações, não conseguia controlar os esfíncteres. Além da dependência quase absoluta de Henrique, eram também escassos os momentos em que sua mãe fazia algo que não estivesse relacionado aos cuidados e ao tratamento do filho.

Ao se ver em seu ambiente cotidiano sem a presença da mãe, Henrique se mostrou bastante angustiado: agrediu o AT,

[93] Todos os nomes utilizados neste artigo são fictícios.

derrubou as coisas, abriu a geladeira, jogou a comida no chão. Foi preciso muito esforço para contê-lo e esperar passar aquele momento de crise. Quando sua mãe voltou, quarenta minutos após o combinado, contou que havia deixado de lhe dar o medicamento naquele dia. O AT, sem ter processado o que acabou de viver, foi embora sem dizer nada. A partir desse acontecimento, a mãe começou a receber o AT de portas abertas – literalmente – e a lhe dizer que Henrique o esperava no quintal no dia da semana em que o acompanhamento era realizado.

A participação do AT no ambiente familiar implica na introdução de novos elementos na dinâmica até então estabelecida, possibilitando efeitos disruptivos que convocam uma nova organização. A saída da mãe, seu atraso, a comunicação de que não havia dado a medicação para o filho e a situação caótica vivida por Henrique, junto ao AT, tudo isso compôs um acontecimento irreversível, que inaugurou uma nova ordem: a mãe passou a abrir as portas para a entrada de um interlocutor com quem pudesse falar das questões relativas ao filho e começou a se questionar sobre o que ele sentia, queria, pensava; ao mesmo tempo, Henrique deu passos importantes no sentido da simbolização da dialética presença-ausência, possibilitando uma nova organização no tempo.

Foi quando o AT recebeu um telefonema da mãe de Henrique, dizendo: "você não pode sair de férias agora, porque você tem uma reunião na escola de Henrique". Que escola?! Ela havia procurado uma escola para o filho, apesar dos profissionais envolvidos no tratamento considerarem que ele não tinha recursos mínimos para iniciar um processo de escolarização. A partir dessa iniciativa tão surpreendente da mãe, o AT decidiu definitivamente apostar nesse "absurdo", já que este trabalho possibilitaria antecipar a entrada da criança na escola e, assim, a produção de efeitos terapêuticos relacionados a esse processo.

Nesse sentido, como era de se esperar, a loucura encontrou um outro lugar e, portanto, um outro sentido, quando vivida dentro da escola – a fascinação de Henrique por cordões, por exemplo, logo virou uma brincadeira com seus colegas. Houve, no entanto, o que não encontrou lugar de brincadeira, que era "loucura demais": por exemplo, quando alguém ficava com nojo do cuspe dele. O impacto dessas situações nos outros teve um efeito terapêutico para ele, à medida que operavam como leis necessárias para o pertencimento ao grupo.

Certo dia, dentro da sala de aula, Henrique puxou a professora para abrir a porta para ele. Um colega da classe também quis abrir a porta e um começou a empurrar o outro. O AT, apreensivo, percebia que Henrique estava nervoso. Mas, antes que tomasse qualquer atitude, a professora disse para deixar que eles se entendessem – de fato Henrique também empurrava o colega. Embora preocupado, o AT não interveio na situação, até o momento em que Henrique o olhou com olhos d'água. Sentindo que o jogo havia ido longe, o AT o convidou a ir embora. Ele correu para a cantina, comeu novamente, sentou-se no pátio e chorou. Depois, sentou no colo do AT como um bebê até se acalmar, e foram embora.

A percepção do AT, ancorada numa história construída através de dois anos de acompanhamento, dizia que aquela situação poderia desorganizar Henrique. Mas a intervenção da professora, ao imprimir uma nova marca nessa história, construía uma nova saída, à medida que, ao colocá-lo no lugar de criança e aluno da escola, era ela quem dizia o que fazer naquela situação. E ela dizia para o AT dar um passo atrás.

Tal distanciamento, impresso no vínculo construído entre o AT e a criança, permitiu que Henrique buscasse uma saída pelo olhar. Seus olhos diziam que ele sabia que, apesar de ausente em seu campo de visão, o AT estava lá, dando contorno a um corpo que ameaçava se despedaçar. Alguma organização interna parecia se preservar, mesmo em momentos de angústia, fazendo com que ele pudesse recorrer a um outro. Após essa situação, Henrique conseguiu ficar sem AT na sala de aula.

Há que se destacar que, a partir da entrada de um acompanhante, uma série de efeitos importantes se desencadearam. Tais efeitos, nem sempre estiveram relacionados diretamente às intervenções do AT, mas, sobretudo, à entrada de Henrique num novo universo de olhares, saberes e possibilidades discursivas. É justamente esta a marca dessa clínica: o compromisso com a criação de condições que precipitem acontecimentos irreversíveis, fundantes de uma nova relação do sujeito com a cultura.

Uma outra característica relevante do trabalho do AT refere-se a sua imprescindível disposição a reinventar, constantemente, sua postura e seu fazer clínico. A singularidade desse trabalho deve-se, muitas vezes, à necessidade de sustentar as contradições presentes nesses cenários não designados a fins terapêuticos. Tais contradições, sempre evidentes quando o AT vai à escola com a criança, intensificaram-se no acompanhamento de Marcelo, no qual, como veremos a seguir, também a mãe ocupara um lugar paradoxal no processo de escolarização do filho.

"Marcelo da mamãe": condição in-evitável

No início do acompanhamento, Marcelo chorava toda vez que saíam sem a mãe. Angustiado, perguntava "Mamãe não veio? Por quê? Cadê mamãe?". Meses mais tarde, cada vez que a mãe chegava perto do AT, ele chorava dizendo que a visita era dele e que não era para ela cumprimentar com um beijo. A mãe, por sua vez, de tempos em tempos, dava sinais do quanto estava difícil para ela suportar a entrada do AT: quando este chegava dizia que o menino estava doente, que ele estava dormindo, e assim por diante.

Um ano antes, quando Marcelo chegou à instituição de tratamento,[94] apresentava-se como "Marcelo da mamãe". Com

[94] O trabalho terapêutico com Marcelo, assim como o de Henrique, foram realizados em parceria com uma instituição de atenção em saúde mental.

oito anos na época, estavam sempre juntos – em casa, no médico, na fono e mesmo na escola, onde ela ficava dentro da sala todos os dias. Além disso, a mãe o colocava para dormir entre ela e o pai, cujo embotamento, decorrente de um surto esquizofrênico, não passava desapercebido da criança, que dizia: "Marcelo odeia o papai, porque ele morreu de câncer".

Nesse sentido, o trabalho do AT centrou-se na possibilidade de estar nesses espaços, entre mãe e filho, com o intuito de oferecer o suporte necessário para que uma singularização pudesse se processar. Tratava-se de um norte comum a todos os profissionais envolvidos no tratamento, porém a complexidade da situação apontava para a necessidade de uma intervenção *in locco*, nas cenas cotidianas da família.

Tal complexidade refletia-se na dificuldade da escola em se apropriar da educação de Marcelo, ao passo que exigia a presença da mãe em sala de aula e, dessa forma, reforçava a indiscriminação entre ambos. A situação, contudo, tornou-se insustentável, de modo que mãe e filho foram, juntos, convidados a procurar uma outra instituição de ensino. Evidenciava-se a importância de se construir gradualmente a separação entre eles, através de um acompanhamento cuidadoso da criança, da mãe e da escola. O AT apresentava-se, então, como um dispositivo fértil, uma vez que suas intervenções poderiam ser fabricadas, a partir da intersecção de todas essas instâncias.

Na nova escola não haveria lugar para a mãe na sala de aula, contudo colocá-la para fora da instituição implicaria, nesse caso, na possibilidade dela interromper subitamente o processo de escolarização do filho. A solução encontrada foi que, de início, a mãe ficaria do lado de fora da sala, enquanto Marcelo permaneceria na classe com o AT. Nesse momento, a partir das dificuldades experimentadas com a primeira escola, o AT se tornara, para a mãe, menos ameaçador, sendo reconhecido como um fio de continuidade dela junto ao filho.

Certa vez, Marcelo estava fazendo um exercício com a professora, enquanto o AT, um pouco mais atrás, observava a cena. Ela perguntava: "Qual o dia da semana que você mais gosta?", "Qual é sua comida preferida?", "Que cor você menos gosta?", e assim por diante. Marcelo respondia, fazendo longos comentários. Por vezes, a mãe abria a porta, interrompendo o exercício: ora precisava avisar alguma coisa para a professora, ora pedia para falar com o AT, ora começava a contar da cólica que estava sentindo. A cada vez que a mãe abria a porta, a criança se mostrava mais angustiada. De repente, saiu correndo e derrubou propositalmente a latinha cheia de palitos de sorvete. Olhou para o AT e disse: "Fiz coisa feia". O AT lhe disse que parecia que, ao fazer coisas feias, ele percebia que a mãe saía de perto. Marcelo correu para o banheiro.

Nesta cena, destacam-se dois movimentos opostos, que geraram grande tensão em Marcelo: de um lado, a professora propunha exercícios que o convocavam a se discriminar – Que comida gosta? Que cor não gosta? De outro, a mãe abria a porta a toda hora, convidando-o a fundir-se a ela novamente. A tensão experimentada em sala de aula permitiu que Marcelo se lançasse a uma ação inédita, através da qual produziu uma tentativa, ainda que pouco elaborada, de evitar essa fusão – de manter uma porta entreaberta entre ele e a mãe.

O trabalho do AT, ao sustentar as contradições presentes na cena, bem como seus múltiplos atravessamentos, possibilitou que Marcelo vivenciasse, junto à professora, a necessidade de construir uma resposta à convocatória que esta lhe apresentava com a vitalidade das relações cotidianas.

Ao voltar para a sala de aula, Marcelo começou a cutucar um dos colegas. Num determinado momento, o menino, conhecido por seu silêncio quase permanente, deu um grito: "Pára, seu idiota, sai daqui!". Marcelo, espantado com o ocorrido, olhava o AT. No caminho de volta perguntava o que tinha feito e por que o menino havia ficado tão bravo...

Marcelo, diante da reação do colega, começou a se questionar sobre o que este estaria sentindo. Algo novo se processava, que lhe permitia refletir sobre os efeitos de sua ação num outro, criança como ele – Marcelo, singular, passava a ter a marca deste novo signo. Também o colega parece ter sido impactado na relação com Marcelo, de modo que se fez ouvir em alto e bom som, demarcando um espaço de encontro e diferenciação entre eles.

Pouco tempo depois, a mãe deixou de ir à escola, dizendo ter outras atividades para realizar. Passou, ainda, a se queixar da distância do pai em relação às obrigações com o filho. O acontecimento revelava seus efeitos moleculares, que se atualizavam e atravessavam também aqueles que não o experimentaram diretamente. O pai de Marcelo, por exemplo, diante das mudanças ocorridas na mãe, passou a participar mais do cotidiano do filho, comparecendo às reuniões na instituição de tratamento e se encarregando de buscar os medicamentos para a criança.

Nesse sentido, é importante ressaltar a potência que o dispositivo do AT ganha ao desenvolver-se nos espaços públicos e coletivos, quando o saber clínico se refaz diante do encontro com outros saberes, olhares e apelos. Se, para o AT, a entrada de Marcelo na escola representava, sobretudo, a possibilidade de operacionalizar um projeto terapêutico, centrado num processo de separação entre mãe e filho, o trabalho ganhou novo colorido, a partir das intervenções da professora e dos outros alunos. No mesmo ano, Marcelo foi alfabetizado, surpreendendo o AT e convocando-o a rever sua posição diante da criança.

Ressalta-se o caráter inusual do lugar que, muitas vezes, o AT é chamado a ocupar, diante de uma demanda indefinida e repleta de contradições e estranhezas. No acompanhamento de Marcelo, o trabalho do AT operou transformações na cena escolar ao fundamentar-se na sustentação de uma situação aparentemente inaceitável – a presença da mãe e do acompanhante na escola junto à criança.

A postura ética do AT, motor de suas intervenções, é permeada por essa disposição para entrar no cenário da loucura e, a partir daí, possibilitar o agenciamento de experiências singulares, redesenhadas por todos os atores envolvidos. Nessa trilha, também a clínica do AT se redesenha pelas mudanças produzidas no meio social. É nesse campo de múltiplos atravessamentos que se gesta a condição de criação constante do acompanhamento terapêutico, fabricada sempre em ressonância com as potencialidades de vida presentes nas relações comunitárias.

Referências Bibliográficas

Aulagnier, Piera. (1979). *A violência da interpretação: do pictograma ao enunciado*. Rio de Janeiro, Imago.

Jerusalinsky, A. (1997). A escolarização de crianças psicóticas. *Estilos da Clínica: Revista sobre a Infância com Problemas*. São Paulo, 2.

Kupfer, M.C.M. (1997). Educação Terapêutica: O que a Psicanálise pode pedir à educação. *Estilos da Clínica: Revista sobre a Infância com Problemas*. São Paulo, 2.

Kupfer, M.C.M. (2000). Educação: Especial? In: Kupfer, Maria Cristina Machado. (org.). *Tratamento e Escolarização de Crianças com Distúrbios Globais do Desenvolvimento*. Salvador, Ágalma.

Lerner, Rogério. (1997). Escolarização de crianças portadoras de distúrbios globais do desenvolvimento: dados e reflexões a respeito dos aspectos envolvidos. *Estilos da Clínica: Revista sobre a Infância com Problemas*. São Paulo.

O DESAFIO DA CONSTRUÇÃO DE UM LAÇO SOCIAL POR UM ADOLESCENTE PSICÓTICO

Renata de Carvalho Duarte[95]
Tide Setubal S. Silva[96]

"Eu já sei muita coisa, sei que tenho direito a uma parte do meu benefício,
Já sei ver as horas e já sei encontrar a saída sozinho.
Você pode até ir embora"

A adolescência é um momento fundamental de abertura para o mundo e de criação de novas relações com os outros e consigo mesmo. Os laços se transformam, se enriquecem e se complexificam. Contudo essas mudanças são muitas vezes difíceis, sobretudo para os adolescentes psicóticos que encerrados em si mesmos, romperam seus investimentos objetais.

Assim, a partir de um trabalho com os adolescentes psicóticos e da constatação de uma importante permeabilidade às intervenções terapêuticas durante esse período, começamos a nos questionar sobre as possibilidades e os limites de construção do laço social por esses adolescentes. Como podemos pensar e trabalhar com a contradição que, por um lado, a adolescência é

[95] Psicanalista e psicóloga contratada e especialista em psicologia hospitalar pela Divisão de Psicologia do ICHC-FMUSP.
[96] Psicóloga e psicanalista, mestre pela Université René Descartes - Paris V.

um período no qual o sujeito coloca em cena uma passagem do meio familiar para um engajamento social e, entretanto, por outro lado, a psicose é um fenômeno que deixa o sujeito isolado, colocado de lado das relações sociais?

Foi em busca de respostas para essa pergunta que recorremos à descrição e análise de um caso de um adolescente psicótico, que nos pareceu extremamente fértil para pensar essa questão. Pedro foi atendido inicialmente por uma de nós durante um ano e, em seguida, encaminhado para outra, devido a uma impossibilidade de prosseguir no caso. O atendimento aconteceu sob a forma de acompanhamento terapêutico no âmbito de um projeto realizado pela ONG Atua – rede de acompanhamento terapêutico no CAPS infanto-juvenil da Mooca. Essa ONG nasceu a partir de uma experiência dentro de um hospital psiquiátrico de São Paulo, onde a prática do acompanhamento terapêutico provocou mudanças tão significativas, que decidimos difundir esse trabalho em outras instituições de saúde mental.

É importante ressaltar que, nesse caso apresentado em seguida, a prática do acompanhamento terapêutico se mostrou bastante interessante para aprofundar os questionamentos levantados, considerando que esse tipo de atendimento tem como um de seus principais objetivos justamente favorecer a construção de um laço social. Trata-se de um trabalho que acontece em espaços públicos, mas também em pequenas ações do cotidiano, quando o terapeuta procura promover e estimular ligações entre o paciente, as pessoas e a cidade. Um dos mais importantes ingredientes desse trabalho repousa, então, no estabelecimento de uma relação de confiança entre a dupla terapeuta-paciente.

A descrição a seguir, conta a história de um trabalho com um adolescente psicótico que aceita o desafio de se lançar no "mundão", como ele mesmo nomeia, construindo um bonito percurso, em busca de um contato mais próximo com os outros e consigo mesmo.

História de Pedro

Pedro chegou no CAPS Mooca em janeiro de 2001, bastante desorganizado, quando, então, estava com 11 anos. Nessa época, tinha muitos delírios e alucinações ligados, em sua maioria, à religião. Era um turbilhão insistente de idéias, de palavras e de imagens, nos quais ele se perdia, sem conseguir juntar esses pequenos eu-fragmentos espalhados por toda parte. Ele oscilava entre momentos de extrema potência, quando dentro de uma caixinha subia para o céu ao encontro de "Deus", e de total impotência, esquecido e incapaz. Sua sexualidade adolescente também transbordava, ocupando grande parte de seus pensamentos. Era comum, por exemplo, encontrá-lo se masturbando no corredor do CAPS.

Sua mãe é uma sergipana que veio para São Paulo aos trinta anos, quando não agüentava mais sua vida na roça, para tentar um emprego melhor. Trouxe consigo apenas uma de suas filhas, largando para trás seus outros cinco filhos, os quais ela teve com três homens diferentes (estranhamente todos com o mesmo nome), sempre na esperança de que a gravidez lhe garantisse um casamento, o que nunca acontecia. Entretanto, esse passado sergipano apresentava-se sob diversas versões, revelando uma dificuldade marcante de elaborá-lo e uma vontade de escondê-lo ou até mesmo anulá-lo, como se ele guardasse um lado obscuro e vergonhoso que não pudesse vir à luz.

Em São Paulo, ela entrou para a igreja onde conheceu seu marido, pai de Pedro, com quem se casou (dessa vez antes de engravidar) e teve dois filhos: a Isabel e o Pedro, seu caçula. Na época em que se casaram, ele era cobrador de ônibus, emprego pelo qual veio a se aposentar anos mais tarde. Após parar de trabalhar, a mãe de Pedro conta que seu marido começou a ficar cada vez mais doente, "falando umas besteiras", exaltando-se e brigando muito. Após esse período bastante agitado, ele "deprimiu", ficando fraco e fechado em seus próprios pensamentos, até não levantar mais da cama.

Sobre Pedro, ela conta que ele começou a apresentar os primeiros sintomas na escola, aos nove anos, com dificuldade de concentração e de aprendizagem. No entanto, aos 11 anos, os problemas de Pedro se acentuaram: ele vivia no mundo da lua, adorava pregar o evangelho ensinado pelo pai e tinha uns "ataques de nervos". Quando o surto irrompeu de vez, Pedro passava o dia falando compulsivamente sobre o evangelho, seus delírios eram religiosos, estava bastante agressivo e com a sexualidade exacerbada. Foi nessa época que ela o levou ao CAPS.

Daquele momento até o início dos acompanhamentos terapêuticos, em setembro de 2003, tanto ela quanto a equipe do CAPS notaram uma grande melhora em Pedro. Ele já estava mais organizado e menos delirante. Contudo, ele ainda era acometido por uma enormidade de idéias confusas e seus pensamentos eram muito concretos, com pequena possibilidade de metaforização e simbolização.

Assim, foram três os objetivos propostos pela equipe do CAPS, para o trabalho de acompanhamento terapêutico: buscar instituições perto de sua casa que oferecessem atividades extracurriculares, construir um contato mais próximo com a sua escola e a sua família e oferecer uma escuta analítica para todas as suas questões psíquicas efervescentes.

A Casa de Pedro

Pedro morava em uma periferia bastante pobre de São Paulo. Sua casa era simples, notavelmente bem cuidada, limpa e arrumada. Logo na primeira visita que fiz em sua casa pude perceber o quanto o seu pai estava realmente muito doente, não agüentando ficar mais que 15 minutos na sala e voltando à cama. Pedro parecia ficar bastante feliz com a minha presença na sua casa. Mostrou-me inúmeras vezes seus cadernos da escola regular que freqüenta todas as manhãs. Ele gostava de me explicar o quanto ele "é mais que incrível, com uma inteligência impressionante, com uma capacidade tão grande que mede quilômetros", enfim, a sua vontade de ser muito especial.

Lançar mão do dispositivo de ir a sua casa e fazer um acompanhamento terapêutico imerso no seu cotidiano era uma aventura sempre interessante. Apesar do cuidado necessário para manter certos limites de tempo, horário e atividades para garantir o enquadre terapêutico, a possibilidade de mergulhar na sua realidade, de conhecer de perto as dinâmicas familiares, e de intervir diretamente nos problemas, parecia acelerar significativamente o trabalho.

Assim, os acompanhamentos terapêuticos aconteciam nas conversas familiares, nas atividades que nós dois fazíamos juntos como, por exemplo, desenhar e nas caminhadas pelo bairro, explorando os lugares e as atividades que ele podia fazer por perto. Todos esses momentos que ficávamos juntos eram recheados de conversas sobre os seus quase ininterruptos pensamentos, teorias e pesquisas, nas quais em sua maioria ele me contava do seu "enorme talento" de desenhista, de pesquisador, enfim, de suas capacidades "impressionantes".

A fim de apresentar mais concretamente o trabalho realizado com o Pedro, iremos apresentar alguns fragmentos de acompanhamentos terapêuticos bastante ilustrativos das dinâmicas subjetivas de Pedro, assim como da evolução de seu caso.

"O Estilo Pedro"

P – "*Vc não acha que meu rosto tem um 'estilo Pedro'*"
T – "*Eu acho. Mas... o que é o 'estilo Pedro?'*"
P – "*Ah! É assim um estilo parecido comigo!*"
T – "*E como é esse estilo Pedro?*"

Então, passamos uns três acompanhamentos construindo um "estilo Pedro" que resultou em uma folha, onde fizemos um esquema contendo a conclusão das nossas conversas. A intenção era tentar dar alguns contornos que o ajudassem a conter a multiplicidade de pensamentos e formas por onde ele transitava. E se perdia. Repetidamente.

Um outro aspecto que parece interessante ressaltar são os tais "pensamentos ruins", tema recorrente nos acompanhamentos. Inúmeras vezes ele dizia ser acometido por esses indesejáveis pensamentos, onde ficava atolado e, por isso, era necessário empregar uma força enorme para lutar contra eles e vencer, seu destino último. Então, resolvemos passar um bom tempo tentando entender o que lhe acometia e buscando dar nome a esses pensamentos ruins. Em um desses encontros, tivemos a oportunidade de anotar literalmente uma parte da nossa conversa:

T – "*Pedro, o que são esses pensamentos ruins?*"

P – "*Esses pensamentos não é eu e eu não sou esses pensamentos porque é tudo contrário o que eu acho do que o pensamento acha.*"

T – "*Mas o que esses pensamentos acham?*"

P – "*Os pensamentos são máquinas de memórias que não estão dominadas por eu, ou seja, eu não sinto o domínio desses pensamentos.*"

T – "*Mas de que pensamentos você não sente o domínio?*"

P – "*Eu tenho o domínio dos pensamentos corretos não dos incorretos. Porque o pensamento é o que a gente cria, então correto é o que eu vejo que eu criei, entendeu?*"

T – "*Tô tentando entender...*"

P – "*É que eu sou bem inteligente, chego bem no sucesso!* (risos) *É assim: o que a gente pensa é o que a gente fala, se eu penso normal, eu falo normal. O que a gente fala é segurado pelo domínio do que a gente pensa. Então, se esses pensamentos vem na minha cabeça e eu não falo, é incorreto, é o que eu não pensei.*"

T – "*Mas será que a gente pode pensar coisas e não dizer?*"

P – "*É... acho que pode, né? Tipo assim, tô pensando em alguma coisa* (pausa) *e não vou te dizer!*"

T – "*É isso mesmo! Você pode escolher o que quer dizer e o que não quer dizer, né?*"

P – "*É... mas se a minha cabeça só tem pensamentos que você pensa, esses pensamentos devem estar em outro lugar porque na minha cabeça só tem os pensamentos que eu penso. Eu escuto, eu vejo eles, mas eles devem estar em outro lugar...*"

T – "*E o que você escuta desses pensamentos?*"

P – "*Ah! Tenho vergonha de dizer... tá bom, deixa eu ver... eu acho que esses pensamentos dizem que eu sou doente. Eu vejo eles, eu ouço eles, eles fazem o papel de ser eu, por isso eu fico confuso.*"

T – "*Mas mudaram, de uns tempos para cá, esses pensamentos?*"

P – "*É... eu fui crescendo e se desenvolvendo e sinto os pensamentos se "asseriando", porque eles foram vendo que eu não sou besta!*"

T – "*Nossa Pedro! Quanto pensamento! Tô até cansada...*"

P – "*É mesmo, tive até um alívio na mente...*"

Esse diálogo nos abre a possibilidade de comentar inúmeros fatores, dos quais vamos escolher apenas alguns deles para ressaltar. Ele nos mostra claramente, por exemplo, a fragmentação do pensamento de Pedro. Quando ele diz que "esses pensamentos não é eu", fica explícita uma cisão, uma não unidade do eu e um sentimento de ser estrangeiro aos seus próprios pensamentos. Assim, ele estabelece ligações bizarras, mostrando uma grande dificuldade em construir um discurso organizado e de se apropriar dele. Sua posição subjetiva se revela frágil, pois a separação entre eu-outro é um tanto quanto precária. Isto também pode ser percebido, no momento em que eu lhe digo que talvez nós pudéssemos ter pensamentos e não dizê-los, e ele fica realmente surpreso, como se descobrisse a possibilidade de existir um espaço psíquico privado, com contornos e interioridade. Nenhuma barreira existia entre ele e o mundo, então, se sentindo prisioneiro de pensamentos alheios, era incapaz de guardar só para ele mesmo.

Além disso, poderíamos pensar na significação dos seus "pensamentos ruins". Nossa hipótese é que eles estão ligados ao tema da emergência da sexualidade adolescente que ele não consegue nem integrar, nem elaborar, pois é sentida como estrangeira e "ruim". Aliás, esta última palavra pode vir da igreja freqüentada por sua família: "coisa ruim", "coisa do demônio", eles repetiam. Assim, imerso na enorme demanda dessa pulsão sexual adolescente e sem possibilidade de construir um pensamento próprio, singular e privado, ele se deixa invadir pelas palavras de sua igreja e de seus pais, que reprimem fortemente a expressão da sexualidade. Como resultado, ela o habita estrangeiramente, sem possibilidade de se ligar, de se integrar, de interagir com outros elementos de sua subjetividade e de construir uma simbolização fundamental. Ela é vivida como um pensamento ruim, algo que deve ser extirpado, eliminado, combatido. É uma espécie de caminho sem-saída.

Sem-Saída

Nesse acompanhamento, encontrei o Pedro em um *shopping* relativamente perto de sua casa. Logo que ele me viu, quis me contar como tinha sido a batalha em que lutou contra os "pensamentos ruins" e como os tinha vencido, munido de muita coragem, jogando-os na fogueira. Agora, ele estava se sentindo melhor. Então, conversamos sobre como era difícil se sentir perdido nesses pensamentos incontroláveis e como era necessário fazer uma verdadeira guerra para conseguir lidar com eles.

Pedro propôs, então, que brincássemos de encontrar determinadas lojas. Assim, caminhando para cima e para baixo nas escadas rolantes, daquele interminável e agitado *shopping*, dizia o nome de uma loja e iniciava sua tarefa de encontrá-la. Na maioria das vezes, cumpria seu desafio com sucesso. Quando já brincávamos há algum tempo e ele estava cansado, resolveu realizar seu último desafio: encontrar a saída.

Foi nesse momento que as escadas rolantes pareceram perder o valor de "subir" ou "descer" e que os corredores viraram buracos sem fim que se entrecortavam e não levavam a lugar nenhum. Ele dizia que achava que a saída estava em baixo e pegava a escada rolante para subir ou, então, chegava a conclusão de que a saída estava no andar onde se encontrava e descia na primeira escada que aparecia na sua frente. A noção espacial tinha se esvaído completamente. Não era possível encontrar uma saída. Muitos corredores, muitas escadas, muitas pessoas, cores, barulhos. E pensamentos... A situação foi suscitando uma angústia. Não tinha saída. Foi nesse momento, que pude entender completamente seus corredores de pensamentos sem saída, contra os quais lutava bravamente. Assim, completamente tonta no perambular por aquele espaço-louco, ajudei-o a encontrar uma saída. Ufa!

Desenho do Corpo

No trabalho com Pedro temos buscado lhe oferecer contornos, continências. Ele conversa muito sobre os seus pensamentos que, de tão "longos" e intensos, formam uma bola quente ao redor da sua cabeça. Às vezes dá até para ver! A partir da repetição dessas concretudes e da insistência de um discurso, no qual o contorno da cabeça não era capaz de conter seus enormes pensamentos, propusemos que fizéssemos um desenho com o contorno de seu corpo. Um dia na sua casa, ele se deitou sobre um papel *kraft* e desenhamos o contorno de seu corpo. Quando acabamos, ele se levantou e disse completamente espantado:

– "*Nossa! Como eu sou grande! Olha o meu tamanho! É tamanho de gente adulta, né? Eu achava que eu era tipo criança, mas parece que já sou quase adulto!* (pausa) *É como se eu tivesse entrado em um túnel e me tornado grande!*"

A sensação era de um tempo ausente e de um corpo desligado do tempo. É um corpo sem interioridade, um corpo-coisa, um corpo-outro. Então, essa atemporalidade, conjugada à atividade de habitar um corpo alheio, estrangeiro, introduz a possibilidade do espanto com a própria imagem. Aqui vemos como um corpo antigo, infantil, pode ser sempre psiquicamente presente, pode ser perpétuo.

Passagem

A notícia da impossibilidade da então acompanhante terapêutica continuar acompanhando Pedro foi recebida por ele com certa leveza (ao menos nesse momento). Ele logo disse que acha que ia gostar da outra acompanhante e que acabaria por acostumar-se com ela, assim como aconteceu com a primeira. Sua mãe não foi tão receptiva com a idéia, dizendo que gostava da acompanhante, que já estava acostumada com o seu jeito de trabalhar e que não seria muito bom ter de mudar, mas se não tivesse jeito...

Nesse dia, já começamos a fazer um fechamento, perguntando o que o Pedro achou do nosso trabalho juntos. Ele disse que se sentia mais forte, "musculoso". Disse, também, que sentia poder controlar mais seus pensamentos, por isso, eles não o incomodavam mais tanto. Em seguida, falou um pouco mais sobre as suas conclusões a respeito da natureza de tais pensamentos: "*Esses pensamentos são de um tipo que eu não sei de onde vem, parece até que eles estão fora de mim, assim que não são meus. Eles ficam soltos dentro de mim, tipo perdido e tentando fazer eu me perder.*" E terminou: "*Acho uma boa hora para você ir embora, só falta um detalhezinho: entender porque esses pensamentos confusos entraram na minha cabeça.*"

Boa pergunta. Aliás, ótima. De fato, algo havia se produzido durante o nosso trabalho juntos. Agora, já é possível se posicionar um pouco mais fora da crise e se perguntar por ela. Por si mesmo. É tempo de se fazer presente e de pesquisar, pesquisando-se.

Um Novo Momento

A troca de acompanhante terapêutica aconteceu concomitante ao processo de alta de Pedro do CAPS. Ao contrário da equipe, a mãe não considerava que ele estivesse "bom" o suficiente para deixar o tratamento. Entretanto, parecia que a presença de um AT acalmava a sua ansiedade em relação ao comportamento de Pedro fora dos cuidados da instituição. Já Pedro encarava esse novo momento como umas "férias" – como costumava dizer. O projeto consistia agora em criar uma rede de relações que o ajudassem a construir um laço social mais consistente.

O estabelecimento do vínculo aconteceu nos primeiros encontros ainda nos arredores do CAPS. Durante essas saídas, Pedro contou-me que chegou "bem ruim" (sic), "confuso" e não sabia mais quem ele era. Dizia que precisava terminar de "vencer o outro pensamento", pois não sabia distinguir o que era seu e o que não era. Falava ainda que estava cansado de ir ao CAPS e o que queria fazer em suas férias. Sua rápida capacidade de se distanciar de sua passagem pela instituição e de pensar nela como uma forma de construir contornos (eu x não-eu), demonstrava sua vontade e potencialidade de continuar descobrindo-se e tecendo uma identidade para si mesmo.

O Mundão

Um Centro Educacional Unificado (CEU) que ficava perto de sua casa, passou a ser o cenário da maioria das saídas desse segundo momento e palco de novas experiências e descobertas.

A primeira atividade foi escolher as aulas que ele gostaria de participar. Então, fomos surpresos por essa descoberta de que era possível escolher. Num primeiro momento, sem conseguir apropriar-se dessa possibilidade diz: "*preciso perguntar para minha mãe*", mas, aos poucos, substitui por "*eu quero fazer essa aula de desenho, porque tenho talento para isso*". A mãe, por sua vez, também muito temerosa deste novo momento, o inscreve na aula de capoeira de outro CAPS, por considerar este um lugar de tratamento e, portanto, ofereceria menos riscos que o CEU – lugar do "mundão". As saídas passaram a ser divididas em caminhadas pelo CEU para conversar sobre os novos acontecimentos e o acompanhamento dos primeiros trinta minutos da aula de artes.

Após três meses, numa de nossas caminhadas, Pedro conta que não sente mais que existem dois pensamentos em sua cabeça e diz: "*esta confusão eu já venci*".

Seu interesse concentrou-se, então, nas pesquisas como, por exemplo, na invenção de um jato ou da luz. Assim, percebendo que essas pesquisas se tratavam da descoberta e reinvenção de seu "mundão" interno e externo, proponho uma espécie de organização "científica", que acontecia desde o questionamento sobre aquilo que já existe no mundo e o que quer inventar, até a compra de um caderno para concentrá-las. Procurava não descartar o que havia de inovador ou criativo nessa sua ansiosa busca.

Aos poucos, o desafio de descobrir como os pensamentos intrusos tinham entrado em sua cabeça, foi cedendo espaço para a conclusão de que tomava remédio para "manter a cabeça e a memória forte". Conseguir vencer seus medos e confusões significava não precisar mais voltar ao CAPS.

Cada vez mais atento ao que acontecia ao seu redor, Pedro começa a se perceber um tanto diferente e esquisito em relação aos seus amigos da escola, que gostavam de tirar sarro sempre que dava risada. Pergunta-se sobre sua esquisitice, o que em si faz com que as pessoas o considerem "bobo" e conclui: "*...mas eu não sou bobo, não. Vou fechar mais a boca quando dou risada e não vou fazer barulho, aí, vão parar de me achar bobo*".

Seu esforço para ser aceito no grupo é marcado por estratégias que tentam "apagar" as marcas de suas esquisitices, sobre as quais se questionava. Ao final de alguns encontros, dizia sentir-se cansado e angustiado nessa tarefa.

O Ônibus

Foi nesse momento de descobertas, daquilo que era capaz de aprender, como por exemplo, ler e escrever, que se surpreende com o "crescimento" de Rodrigo, um adolescente que também fizera tratamento no CAPS que reencontrara nas aulas de desenho. Logo no primeiro encontro, Pedro se depara com o talento de Rodrigo para pintar e, principalmente, com o fato de que ele havia aprendido a andar de ônibus sozinho.

Diante da capacidade do colega de aprender algo que julgava ser impossível de realizar, como andar de ônibus sozinho, ficou bastante abalado e começou a questionar a certeza de seus enormes talentos.

Proponho, então, o desafio de também andarmos de ônibus. Para tanto, traçamos um plano para aprender algo novo: ao final de algumas aulas no CEU, íamos até o ponto de ônibus fazer uma pesquisa dos nomes dos ônibus que passavam por lá e ao fim, Pedro ficava com algumas tarefas, como, por exemplo, pesquisar com sua mãe o nome dos ônibus possíveis para vir e voltar do CEU. Era a primeira vez que nos aventurávamos a fazer algo, no qual Pedro não tinha registro de algum de seus talentos. A mãe, por sua vez, não demonstrava interesse nas pesquisas do filho.

Nesse momento, começaram a ser freqüentes as faltas, principalmente sem aviso prévio. O que entendi como uma espécie de "boicote" da mãe frente à iniciativa de autonomia do filho. Quando vinha, Pedro reclamava de sua mãe, que insistia que ele não prestava para nada, já que não ajudava nos afazeres da casa. Por conta disso, ela não colaborava com a sua pesquisa sobre os itinerários dos ônibus, justificando que não adiantava lhe falar, já que ele não sabia ler.

No dia da primeira saída, Pedro estava radiante, falando sem parar, para mostrar que tinha guardado em sua cabeça toda a pesquisa que fizera, repetindo o nome do ônibus que pegaríamos na ida e na volta. A mãe mais nervosa que o habitual, colocou-se na frente da porta. Pontuei quanto estava mais temerosa que Pedro, uma vez que não supôs que esse dia chegaria. Durante o trajeto de ônibus, Pedro emudeceu, eu tentava puxar assunto sobre o caminho, mas parecia muito concentrado nessa tarefa. Quando descemos do ônibus me diz: *"viu, eu tenho talento desde pequeno, eu já sabia. Você vai contar para minha mãe que eu consegui?"* Ao ligar para a mãe diz, *"consegui, já estou aqui"*.

Os talentos pareciam ainda serem necessários para garantir o sucesso de suas investidas em si e no mundo.

Pedro descobre a escola

A angústia de reprovação de Pedro, era assunto recorrente em nossas saídas. Resolvo, então, marcar uma reunião com a professora do SAPNE – uma complementação da aula regular. Durante nosso encontro, a professora me mostra uma série de falas que anotara nos últimos dois meses que demonstravam, segundo a mesma, o grande avanço de Pedro:

"Eu estou perdendo a vergonha de saber que eu posso..."

"Descobri que calcular é uma forma de usar o cérebro".

A professora ressalta que nesse último mês especificamente, ele dissera coisas mais "emocionantes" que o de costume e deixara de lado as pesquisas "sem sentido" (sic). Chegava para a aula com vontade de aprender, com questões relacionadas a matérias ensinadas em sala de aula.

"Estou descobrindo o prazer da vida".

"Quero construir o meu saber como o prefeito constrói a cidade".

O relato da professora e as constantes investidas de Pedro, em encarar desafios como fazer novos amigos, lançar-se no mundão tão temido por sua mãe e questioná-la em suas "determinações" sobre a vida e sobre si, demonstram que os talentos que antes lhe asseguravam sua capacidade da conquista de uma autonomia, pouco a pouco iam cedendo lugar para o conhecimento de si e do mundo que estava construindo".

Após saber que foi aprovado, devido ao seu esforço em aprender e não por suas notas, Pedro passava boa parte dos encontros resgatando as operações matemáticas, principalmente a descoberta da multiplicação na soma de agrupamentos, que lhe permitiram aprender a somar e a incluir outros elementos. Parecia me mostrar cada vez mais que ao somar, incluir e excluir construía-se como sujeito de sua história. E nesse contexto, a palavra talento praticamente desaparece e cede lugar para "eu aprendi".

A aprovação escolar acirra a dificuldade de relacionamento entre Pedro e sua mãe, pois agora, quando ela lhe dizia que não prestava para nada, Pedro respondia, dentre outras coisas, que tinha passado de ano na escola, o que, para ele, representava toda a sua capacidade de aprender, de ser como todo mundo.

Esse, então, passou a ser o seu novo dilema: deveria convencer sua mãe de sua capacidade ou não lhe dar mais "ligância"[97] (sic).

---

[97] "Ligância" – termo inventado por Pedro, que significa dar importância ao outro.

Os conflitos com a mãe

A crise entre mãe e filho era eminente e embora necessária, me parecia perigosa, devido a certa fragilidade psíquica de Pedro. Passei a fazer os acompanhamentos em sua casa, com a proposta de que mãe e filho pudessem falar das dificuldades de relacionamento.

Em uma das conversas, a mãe dizia que não considerava o filho preparado para sair sozinho, uma vez que Pedro tinha medo de sair sem ela. Era comum ele rebater, dizendo que já tinha coragem, mas a mãe parecia ficar cada vez mais nervosa e, por vezes, até ameaçava bater em Pedro, mesmo com diversas justificativas. Era notável a dificuldade que a mãe encontrava em separar-se do filho e apostar no processo de autonomia que ele construía para si, uma vez que isso o colocaria em uma posição menos dependente de seus cuidados.

Pedro, nesse contexto, fala do ciúme que sente de sua irmã, um ano mais velha e da falta do pai. Chega a dizer que "*não tem mais espaço nessa casa, ficou pequena pra mim*". De fato, ele crescera muito nos últimos tempos e, realmente, estava precisando de mais espaço.

Esse período de "conversas" faz com que as surras diminuam e a palavra, ainda que muito carregada pela raiva, comece a nomear o conflito entre mãe e filho. Pedro, então, passa a dizer o que sente pela mãe e a xingá-la com freqüência. Este comportamento aguça a raiva da mãe, que responde às provocações, impondo-lhe tarefas e regras que não serviam como organizadores, mas caprichos para controlar as vontades de Pedro e colocá-lo como incapaz. Ele, por sua vez, reage com uma espécie de "greve" nos afazeres de sua responsabilidade em casa. A mãe entende tal comportamento como um "afastamento" de Deus, o que também justificava a dificuldade de aprendizagem e a incapacidade de ver as horas.

Este é um momento bastante delicado, pois esboça a separação da díade mãe e filho, com claro sofrimento da mãe e de

Pedro. O momento seguinte a este período de muita raiva inicia-se com Pedro trazendo uma constatação nova, pelo menos para a acompanhante: dizia que desistira da idéia de juntar novamente seus pais, que dormem separados. Proponho que conversemos sobre isso em família. Tento convocar o pai, mas este se recusa a sair da cama e resolvemos, a pedido de Pedro, falar apenas à mãe sua queixa de ela dormir longe do marido, uma vez que, segundo Pedro – "*foi ela quem se casou com ele*". Ela, entretanto, ressalta que não consegue reatar com o marido, pois tem nojo deste. Pedro responde que ele também tem.

O desfecho dessa conversa sobre a dinâmica familiar é marcado pela mãe recolocando, inclusive, sua leitura sobre o plano de Deus para o filho, pois se este permitira que Pedro melhorasse, ou seja, diminuísse o remédio, tivesse alta do CAPS, conseguisse andar algumas vezes sozinho de ônibus, passasse para a sexta série, então, ela também deveria acreditar. Reconhecida a "melhora" de Pedro, a mãe consegue acalmar-se.

No carro indo para o CEU, Pedro me diz que ficou contente por eu ter dito a sua mãe que ele não precisa ser tratado como doente.

Entretanto, aparece um novo elemento, que retorna para a mãe a questão sobre a doença e a incapacidade do filho: a criação de uma "ginástica", movimentos repetidos, acelerados e desordenados que fazia com o corpo. A cada encontro, essas ginásticas se intensificavam cada vez mais confusas. Entendia aquele excesso de "energia" como um pedido para sair daquele ambiente que lhe angustiava, e buscar novamente no "mundo" a experiência de abrir espaço, como possibilidade de organizar seus "talentos".

Além disso, o posicionamento de Pedro em não mais fazer tudo o que a mãe desejava e a certa "conformação" de sua mãe em relação à rebeldia do filho, agora nomeado como adolescente, permitiram que as brigas, de fato, diminuíssem.

Caminhando sozinho

Retomamos a busca por cursos de seu interesse. Encontramos a aula de ginástica olímpica, que além de dar continuidade ao seu plano de andar de ônibus sozinho, permitira questionar e dar contorno a tal ginástica inventada.

De fato, aos poucos, Pedro fazia um dos percursos – ida ou volta – sozinho, até concluir todo o trajeto. Entretanto, ainda era necessário que alguém o levasse até o ponto, pois não conseguia ler rapidamente a placa do ônibus que deveria tomar. Apesar das faltas serem freqüentes nesse momento, uma vez que sua mãe "esquecia" de lhe avisar do horário da aula, aprendeu a pegar o ônibus sozinho, pois memorizara o nome do ônibus que ia e voltava para sua casa.

Com a descoberta de sua autonomia, abre-se para novas experiências, como namorar, outros itinerários de ônibus, "o medo da reprovação" – oscilando entre o medo e a vontade de descobrir o mundo e os desafios que isso lhe trazia.

A rapidez com que Pedro descobria o mundo, deixava sua mãe perplexa. Relata um tanto assustada, que o filho fora sozinho a um posto de saúde perto de sua casa e se cadastrou para retirar uma pequena quantidade de camisinhas todos os meses. Ela descobrira apenas quando Pedro trouxe a ficha cadastral para terminar de preencher em casa. Além disto, perguntou à mãe como colocar a camisinha, demorando um tanto para perceber que essa pergunta não caberia à sua mãe.

Assim, Pedro começa a investir no plano de arrumar uma namorada: em um *show de rock*, tenta conversar com uma menina, que permite que ele sente ao seu lado. Entretanto, não consegue seguir adiante, pois se viu no impasse de (não) entender o nome da menina, que era japonesa. Apesar disso, ficou dez minutos calado ao seu lado, antes de retornar.

Começaram a ser freqüentes situações em que eu tenho que procurá-lo em alguma atividade no CEU, na arquibancada de um *show*, dentro de um teatro etc. Além disso, passa a trazer tarefas, como pagar o crediário em uma loja no *shopping* ao lado.

Diante de tamanha autonomia, entendo este momento como o término do projeto de acompanhamento terapêutico. Ao falar sobre isso, Pedro diz: "*antes você poderia me ajudar a arrumar uma namorada*". Pergunto como quer minha ajuda e responde: "*conversando sobre isso, sobre os meus medos e meu jeito*". Seu pedido, já não envolve um fazer, em ato, mas falar sobre si, o que demanda outro *setting*.

O acompanhamento terapêutico, muitas vezes se encerra quando o paciente sinaliza a possibilidade de sustentar seu desejo e de caminhar sozinho.

Considerações finais

Assim, o relato deste caso, apesar do grave quadro clínico inicial, permite acompanhar a construção de um mundo psíquico próprio de Pedro. Os pensamentos ruins que tanto o invadiam e o atormentavam no início dos acompanhamentos acabam por perder a sua força, a partir da possibilidade de descobrir o *seu* jeito de pensar, ser e ver as coisas no mundo. Concomitantemente com a criação desse espaço subjetivo singular, ele passa a conseguir dialogar com sua família, se posicionando como alguém diferente e com opiniões próprias. Essa construção também o possibilita arriscar-se mais no mundo, sem ficar tão ameaçado ou invadido pelas pessoas, coisas e pensamentos alheios. Sua circulação no CEU revela um grande movimento de autonomia e apropriação de suas vontades. Se remontarmos ao início do tratamento, quando ele chegou a se masturbar nos corredores do CAPs, sem qualquer contorno ou crítica, deparamo-nos com um enorme avanço: ele pode vivenciar sua sexualidade de forma mais calma, organizada e, inclusive, tentar direcioná-la para o outro, incluindo-o nesse jogo.

Esse caso nos permite acompanhar um longo processo de construção de um laço social. É um caminho no qual há um fator que nos parece fundamental: a constituição de um espaço psíquico singular, a separação eu-outro, que possibilita ao sujeito se relacionar de outra forma com o mundo ao seu redor. No caso de Pedro, vemos que aos poucos ele desenvolve a possibilidade de estar mais próximo de si mesmo, de seus sentimentos e ao mesmo tempo de se abrir para o mundo e para as possíveis novas relações que ele oferece.

Referências Bibliográficas

Associação Psicanalítica de Porto Alegre. (1999). *Adolescência: entre o passado e o futuro*. Porto Alegre/RS, Artes Ofício.

Green, André. (1990). Point de vue du psychanalyste sur les psychoses à l'adolescence. *Adolescence et Psychose*. Paris, Milan, Barcelone, Mexico, Masson, 231-244.

Jeammet, Ph. (2002). Schizophrénie et Adolescence. *Processus de la schizophrénie*. Paris, Dunod, 137-163.

Marty, François. (2002). Le travail du lien à l'adolescence. *Le Lien et quelques-unes de ses figures*. Publications de l'Université de Rouen, 127-150.

Impresso por :

Graphium
gráfica e editora

Tel.:11 2769-9056